Da liegt der Hase im Pfeffer

Christiane Schlüter

Da liegt der Hase im Pfeffer

Redewendungen und ihre Herkunft

GONDROM

Redaktion: Birgit Adam, Augsburg
Produktion: Medienagentur Gerald Drews, Augsburg
Illustrationen: Raffael Bader, Atelier Lehmacher
Satz: Atelier Georg Lehmacher, Friedberg (Bay.)
Covergestaltung: Norbert Pautner, München

013

ISBN 3-8112-2511-1

5 4 3 2 1

Vorwort

Redewendungen sind wie kunterbunte Fertigbausteine, die wir aber nicht im Baumarkt erstehen, sondern in unserem Wortschatz mit uns tragen. Viele haben wir längst verinnerlicht: den „dicken Hund" beispielsweise oder die „treulose Tomate". Dabei weiß jeder: Ein „dicker Hund" ist kein verfetteter Vierbeiner, sondern eine Ungeheuerlichkeit, und „treulose Tomaten" findet man nicht am Gemüsestand. Redewendungen sind eben nicht wörtlich zu nehmen, darin liegt ja gerade ihr Witz.

Umso rätselhafter ist es, woher sie eigentlich kommen. Das geht weit zurück in die Geschichte – und ist doch kurzweilig und unterhaltsam. Die verschiedensten Bereiche haben etwas beigesteuert: die Landwirtschaft, die Jagd, das Militär, das Theater, die Küche, die Religion und fremde Sprachen. Da lohnt es sich nachzuforschen.

Bestimmt kennen auch Sie weitaus mehr Redewendungen, als Ihnen auf Anhieb einfallen. Die meisten sind uns nämlich gar nicht bewusst. Dieses Buch führt Sie zu den verborgenen Schätzen der Sprache und präsentiert Ihnen viele neue Entdeckungen. Blättern Sie mal! Sie werden „vom Hölzchen aufs Stöckchen kommen" und nie mehr „auf den Mund gefallen sein".

A und O

Anfang und Ende, das Wichtigste an einer Sache

Die beiden Buchstaben sind der erste (Alpha) und der letzte (Omega) im griechischen Alphabet.

aalglatt sein

listig und raffiniert sein

Der Aal schlüpft einem immer wieder durch die Finger.

jemanden abblitzen lassen

jemanden kurz und bündig abweisen

Nicht der Blitz am Himmel, sondern der blitzartig verpuffte Gewehrschuss ist hier das leuchtende Urbild.

auf etwas abfahren

etwas toll finden

Wer losfährt, hat in der Regel ein Ziel.

jemandem eine Abfuhr erteilen

jemanden sehr unfreundlich zurückweisen

Wenn bei Duellen der Unterlegene vom Sekundanten weggeführt wurde, hatte er eine Abfuhr erlitten.

abgebrannt sein
nichts mehr besitzen, kein Geld mehr haben
Wem einst das Haus abbrannte, der war „abgebrannt“. Später erweiterte sich die Bedeutung zu „verarmt“.

abgedroschen sein
längst bekannt sein, keinen Neuigkeitswert mehr haben
Aus abgedroschenem Getreide sind die Körner herausgeschlagen, es ist nur noch leeres, uninteressantes Stroh.

abgehen
gut losgehen, gut verlaufen
Früher freuten sich die Schützen, wenn die gezündeten Sprengkörper gut abgingen. Heute gehen Partys ab.

abklappern
alles absuchen, etwa beim Einkaufen
Wild trieb man mit Holzklappern aus dem Versteck.

abkupfern
nachmachen
Per Kupferstich wurden einst Bilder vervielfältigt.

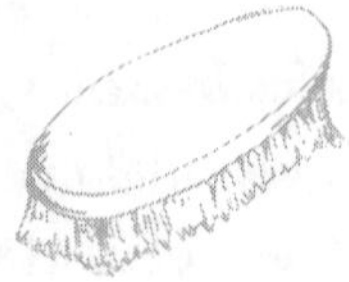

jemandem eine Abreibung verpassen
jemanden verprügeln
Tiere werden abgerieben (also gesäubert) und gestriegelt – daher kommt diese Redewendung.

jemanden abspeisen
jemanden mit einer unbefriedigenden Auskunft abfertigen
Dahinter steckt vermutlich eine alte volkstümliche Sitte: Wer früher um ein Mädchen warb, der wurde zum Essen eingeladen. Und je nachdem, welches Nahrungsmittel man ihm anbot, war er als Schwiegersohn akzeptiert. Wurde er abgelehnt, so „speiste" man ihn „ab".

abstauben
günstig bekommen, erbetteln
Der Müller oder Bäcker, der einen Teil Mehlstaub für sich behielt, staubte etwas ab.

mit Ach und Krach
gerade eben noch, nur knapp
Eine Verkürzung des ursprünglichen „mit Ächzen und Krächzen", es bedeutet also: mit Seufzen und Stöhnen.

Achillesferse

verwundbare Stelle

Die Mutter des griechischen Helden Achill machte ihren Sohn unverwundbar, indem sie ihn im Fluss Styx badete. Nur die Ferse, an der sie ihn fest hielt, blieb verletzlich.

sich vom Acker machen

sich davonstehlen, abhauen

Bei Soldaten wird das militärische Übungsgelände auch Acker genannt. Wer sich vom Acker macht, drückt sich.

etwas ad absurdum führen

etwas durch gute Argumente als absurd oder sinnlos erweisen

Wer Aussagen des Gegners ad absurdum führt, gewinnt.

etwas ad acta legen

etwas beenden

Wörtlich sagte man so für das, was zu den Akten kam.

Affentanz

auffälliges Benehmen, Theater

Der Affe auf dem Leierkasten hatte immer Zuschauer.

kurz angebunden sein

mürrisch und schnippisch reagieren

Ganz wie ein Hofhund an der Kette. Denn dieses Bild steht vermutlich hinter der Redewendung.

jemandem etwas anhängen

jemanden hinter seinem Rücken zu Unrecht beschuldigen

Im Mittelalter hängte man Übeltätern ein Symbol wie beispielsweise einen Stein oder eine Schelle um den Hals, um alle, die ihnen begegneten, auf ihre Missetaten hinzuweisen.

etwas anlaufen lassen

etwas starten lassen

Eine Wendung aus der Technik. Man lässt Maschinen anlaufen, heutzutage aber auch Projekte.

jemanden anmachen

einen Mann oder eine Frau heftig anflirten

Eine Lampe wird angemacht, dann fließt Energie. Salat wird angemacht, davon bekommt er seine Würze. Von beiden könnte die „Anmache“ herkommen.

etwas anzetteln

eine Sache anstiften

Aus der Webersprache: Die Längsfäden, die vor dem eigentlichen Weben aufgespannt werden, heißen „Zettel“.

etwas aus dem Ärmel schütteln

etwas mit Leichtigkeit hinbekommen

Wendung aus Zeiten, als die Ärmel modisch weit waren.

sich einen Ast lachen

heftig lachen

... und zwar so, dass man sich krümmen muss: Ast ist im Volksmund ein anderes Wort für Buckel.

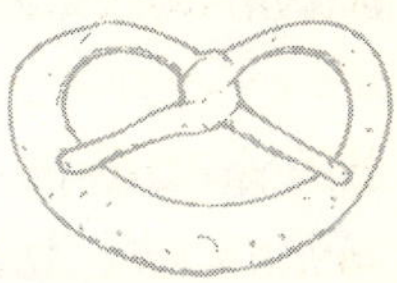

sich aufbrezeln

sich schick machen, mehr aus sich machen

Eine Brezel ist durch zusätzliche Kringel verziert.

jemandem etwas aufbrummen

jemandem eine Strafe oder eine schwere Arbeit auferlegen

Brummen hieß bei Schülern und Studenten, eine Strafe abzusitzen.

sich aufdonnern
übertrieben elegant zurechtgemacht sein
Die Wendung hat nichts mit dem Donner zu tun, sondern kommt vom italienischen „donna – Dame“.

jemanden auflaufen lassen
einen Angreifer ins Leere laufen lassen
Ein aufgelaufenes Schiff hat kein Wasser unter dem Kiel.

aufschlagen
ankommen
Dahinter steckt vermutlich „die Zelte aufschlagen“, also: ankommen und sich niederlassen.

sich auftakeln
sich für sein Alter zu schrill und auffallend zurechtmachen
Die Takelage sind Masten und Segel eines Schiffes. Weshalb es heißt: aufgetakelt wie eine alte Fregatte.

Augenwischerei
Täuschung, Illusion
Früher gaben Scharlatane vor, Kranke zu heilen, indem

sie ihnen mit geheimnisvollen Gesten und mit Essenzen über die Augen wischten.

etwas ausbaden
etwas Unangenehmes durchstehen und die Folgen tragen
Einst badeten viele Leute nacheinander im selben Wasser. Der Letzte hatte das schmutzigste Wasser und er musste auch noch die Wanne säubern: Er „badete aus“.

etwas ausfressen
heimlich etwas Verbotenes tun
Wie die Katze, die unbemerkt den Milchnapf ausfrisst.

ausrasten
einen Wutanfall kriegen
Eine Wendung aus der Technik. Wenn im Getriebe ein Zahn ausrastet, geht es kaputt.

etwas aussitzen
so lange ungerührt verharren, bis sich die Sache erledigt hat
Man braucht dazu nicht Politiker zu sein wie jener einstige Bundeskanzler, der als Meister des Aussitzens gilt …

etwas auf einer Backe absitzen
etwas mühelos hinter sich bringen
Gemeint ist: Um die betreffende Sache hinter sich zu bringen, muss man sich noch nicht mal richtig hinsetzen.

Bahnhof verstehen
nichts verstehen
Die Soldaten des Ersten Weltkriegs hatten nur Interesse für den Bahnhof – das Symbol für den Heimaturlaub.

am Ball bleiben
etwas weiterverfolgen, dranbleiben
Die Redewendung kommt aus dem Sport.

mit harten Bandagen kämpfen
rücksichtslos, hart kämpfen
Boxer tragen harte Bandagen, um fest zu schlagen.

etwas auf die lange Bank schieben
etwas aufschieben
Auf langen, bankähnlichen Truhen lagen einst bei Gericht die Akten, die lange nicht erledigt wurden.

bankrott sein

zahlungsunfähig sein

Von italienisch „banca rotta – zerbrochene Bank". Früher wurden die Geschäfte auf offener Straße betrieben, das Geld lag auf Bänken oder Tischen. Einem zahlungsunfähigen Händler zerschlugen die Gläubiger seine Bank.

in Bausch und Bogen

im Ganzen

In ihrem Wörterbuch bezeichnen die Gebrüder Grimm als Bausch die auswärts gehende Fläche an einer Grenze und als Bogen die einwärts gehende. Zusammen genommen gleichen die beiden Flächen einander aus.

klein beigeben

nachgeben

Aus dem Kartenspiel: Wer keine hohen Karten mehr hat, muss kleine ins Spiel geben.

mit dem linken Bein zuerst aufstehen

am Morgen schlecht gelaunt sein, den Tag schlecht anfangen

Das Aufstehen mit links gilt als schlechtes Vorzeichen.

sich die Beine in den Bauch stehen
endlos stehen
Dahinter steckt die Vorstellung, dass bei langem Stehen der Rumpf wegen der Erdanziehung auf die Beine sackt.

in die Binsen gehen
kaputt gehen, verschwinden
Binsen stehen am Wasser. Dort hinein flüchtet sich die Wildente – und ist damit für den Jäger verloren.

Binsenwahrheit
eine selbstverständliche Tatsache, die jeder weiß
Der griechische Gott Apoll ließ dem König Midas Eselsohren wachsen. Midas' Friseur entdeckte sie unter der Krone und versprach, zu schweigen. Nur der Erde vertraute er das Geheimnis an. Aber die Binsen hörten seine Worte und wenn der Wind durch die Gräser geht, erzählen sie alles weiter.

das Blatt hat sich gewendet
die Situation hat sich (zum Guten oder Schlechten) geändert
Nach einer Serie schlechter Karten erhält jemand gute.

blau machen

nicht zur Arbeit gehen

Montags hatten die Färbergesellen frei: Blau gefärbte Wolle wurde sonntags ins Bad gelegt und montags zum Nachdunkeln ins Freie. Man sagte auch: Wenn die Gesellen frei haben, dann trinken sie und prügeln sich blau.

jemandem blauen Dunst vormachen

jemanden betrügen

Blau ist die Farbe des Ungefähren, des nicht ganz Eindeutigen, also auch der Täuschung. Das bestätigen Redewendungen wie: ins Blaue fahren.

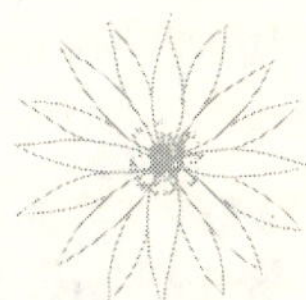

etwas durch die Blume sagen

etwas Unangenehmes nur indirekt sagen

Wies ein Mädchen einen Bewerber ab, so gab es ihm beispielsweise eine Kornblume – und sagte so taktvoll „Nein“.

(keinen) Bock auf etwas haben

(keine) Lust auf etwas haben

Der Bock hat seinen eigenen Kopf, er macht, was er will. So ist er Sinnbild für den menschlichen Willen.

jemanden ins Bockshorn jagen
jemandem Angst machen
Das Bockshorn steht vermutlich für den Teufel.

volle Breitseite geben
mit allen Mitteln angreifen
Kampfschiffe mussten dem Gegner die breite Seite zudrehen, um auf ihn zu feuern.

in die Bresche springen
einspringen
Von französisch „brèche – Lücke in der Festungsmauer".

ein Brett vor dem Kopf haben
dumm, beschränkt sein
Störrischen Ochsen hängte man ein Brett vor die Augen.

auf den Busch klopfen
durch Behauptungen versuchen, etwas herauszubekommen
Aus der Jagd: Durch Schlagen auf das Gebüsch wurde das Wild aufgescheucht (vergleiche: abklappern).

nach Canossa gehen

nachgeben, sich unterwerfen

Ein historisches Ereignis liegt dieser Redewendung zugrunde: König Heinrich IV. pilgerte 1077 nach Canossa zu Papst Gregor VII., damit dieser den Bann aufhob, den er über ihn verhängt hatte.

etwas checken (abchecken)

etwas kontrollieren

Von englisch „to check – kontrollieren“, wobei der Begriff ursprünglich aus dem Schachspiel kommt, wie an „in Schach halten“ noch zu erkennen ist.

Chuzpe haben

Frechheit haben

Das Wort kommt über das Jiddische von dem gleichbedeutenden hebräischen „chuzpá“ her.

Angst vor der eigenen Courage haben

in letzter Minute zurückschrecken, sich doch nicht trauen

„Courage“ heißt „Mut“ auf Französisch.

unter Dach und Fach

in Sicherheit

Das Fach oder Gefach ist bei Fachwerkhäusern der Zwischenraum zwischen zwei senkrechten Holzbalken.

etwas halten wie ein Dachdecker

etwas machen, wie man will

Die Dachdecker konnte niemand kontrollieren, weil sie in schwindelnder Höhe arbeiteten.

ein Damoklesschwert über sich hängen haben

bedroht sein

König Damokles ließ über einem neidischen Höfling ein Schwert an einem Pferdehaar aufhängen, um ihm zu zeigen, wie bedroht ein Herrscher in Wahrheit ist.

jemandem die Daumen drücken oder halten

jemandem Glück wünschen, an ihn denken

Die Germanen sahen den Daumen als Glücksfinger an. Den Daumen mit den anderen Fingern zu umschließen, diese Geste sollte vor Unheil schützen.

sich nach der Decke strecken

sich der bescheidenen Lage anpassen

Dahinter steht dieses Bild: Um im Bett keine kalten Füße zu bekommen, sollte man sich immer nur so lang ausstrecken, wie die Decke es erlaubt.

eine Sache deichseln

eine schwierige Sache geschickt hinbekommen

Einen Wagen von Hand an der Deichsel zu bugsieren, das erfordert viel Fingerspitzengefühl.

jemandem einen Denkzettel verpassen

jemandem eine Lehre oder Strafe erteilen, die er nicht vergisst

Ein „Denkzettel" war eine Klageschrift oder eine Vorladung vor Gericht. In Jesuitenschulen trugen Schüler „Denkzettel" bei sich, auf denen ihre Fehler standen.

keinen Deut wert

nichts wert

Der niederländische Duit war eine Münze von sehr geringem Wert.

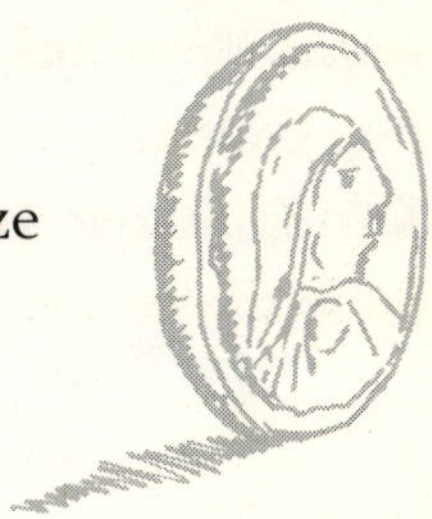

nicht ganz dicht sein
nicht ganz bei Verstand sein
Einem Kind, das noch in die Windeln macht, wird erst wenig Verstand zugeschrieben.

jemanden dingfest machen
jemanden festnehmen
Der Ding (Thing) war die Gerichtsversammlung der Germanen.

auf Draht sein
aufpassen, aufmerksam sein
Der telegrafische Draht übermittelt Informationen sehr schnell. Jemand, der auf Draht ist, ist sehr aufmerksam und schnell informiert – so, als ob er ständig telegrafisch verbunden wäre.

etwas draufhaben
begabt sein
Die Kurzform von: etwas auf der Pfanne haben (siehe auch dort).

jemandem dumm kommen

unverschämt zu jemandem sein

Nur wer dumm ist, lässt sich unverschämt behandeln.

jemanden für dumm verkaufen

jemanden für dumm halten und versuchen, ihn zu täuschen

Das Verkaufen ist natürlich nicht wörtlich zu nehmen, eher so, dass man jemanden als dumm präsentiert.

durchdrehen

überfordert und überreizt sein, verrückt werden

Eine Redewendung aus der Technik: Mühlen oder Walzen, die durchdrehen, gehen kaputt.

etwas durchziehen

etwas konsequent zu Ende machen

Man zieht das Projekt, bildlich gesprochen, durch Schwierigkeiten hindurch.

etwas aus dem Effeff beherrschen

etwas ganz und gar können

Vermutlich von „fino – fein“: Das Doppel-F bedeutet in der Kaufmannssprache „sehr fein“.

das Ei des Kolumbus

die einfache, geniale Lösung

Kardinal Mendoza sagte bei einem Fest zu Ehren des Kolumbus, die Entdeckung Amerikas sei doch nicht schwer gewesen. Kolumbus fragte daraufhin, wer ein Ei auf die Spitze stellen könne. Keiner schaffte es. Kolumbus nahm ein (vermutlich hartes) Ei, schlug die Spitze platt und stellte es hin – einfach, aber man muss drauf kommen!

im Eimer sein

kaputt, verloren sein

Der Eimer ist hier der Mülleimer.

eingefuchst sein

sich sehr gut auskennen

Studentenverbindungen nennen ihre neuen Mitglieder Füchse. Und die Neuen müssen eben noch alles lernen.

ans Eingemachte gehen

an die Reserve gehen

Bevor es die Supermärkte gab, war eingemachtes Obst und Gemüse im Winter die wertvolle Reserve.

jemanden einseifen

jemanden mit vielen schönen Worten (zum Kauf) überreden

Der Barbier beschwatzte seinen Kunden beim Einseifen.

jemandem etwas eintrichtern

jemandem mühsam und mit Nachdruck etwas beibringen

Der „Nürnberger Trichter" war ein Symbol dafür, jemandem das Wissen einfach in den Kopf zu füllen. Es hat seinen Ursprung im „Poetischen Trichter" des Nürnberger Barockpoeten Georg Philipp Harsdörffer.

mehrere Eisen im Feuer haben

mehrere Pläne verfolgen

Früher, als die Bügeleisen noch im Herdfeuer heiß gehalten werden mussten, hatten Profis zwei Eisen im Feuer, damit immer eines heiß war und keine kostbare Zeit verloren ging.

höchste Eisenbahn

höchste Zeit

Aus einem Volksstück von Adolf Glassbrenner (1810–1876). Darin sagte ein zerstreuter Briefträger: „Es ist die allerhöchste Eisenbahn, die Zeit ist schon vor drei Stunden angekommen."

das dicke Ende kommt nach

das Schlimmste kommt zuletzt

Bei der Prügelstrafe wurde die Rute zuletzt oft umgedreht, weil das dicke Ende stärker schmerzte.

Ente

Falschmeldung in der Zeitung

Das französische Wort „canard – Ente" wurde auch gebraucht für „Betrug, Schwindel". Das geht vermutlich zurück auf die alte französische Redewendung „eine halbe Ente für eine ganze verkaufen". Eine andere Möglichkeit: Die Ente als schlechte Brüterin muss als Sinnbild für Unzuverlässigkeit herhalten. Und eine dritte Erklärung beruft sich auf die Abkürzung „n. t. – not testified – nicht bestätigt".

auf etwas erpicht sein

etwas dringend wollen, nicht davon lassen können

In „erpicht" steckt das Wort Pech – und von Pech kommt man, wenn man einmal daran klebt, nicht los. Vogelsteller bestrichen ihre Ruten mit Pech.

jemandem eine Eselsbrücke bauen

jemandem eine erleichternde Merkhilfe sagen

Ursprünglich wurden die ersten schwierigeren Mathematikregeln als Eselsbrücke bezeichnet: So wie der Esel nicht gern über Brücken geht, streikt der Dumme schon bei etwas komplizierteren Matheregeln. Später verdrehte sich die Bedeutung ins Gegenteil: Aus der Brücke als Hindernis wurde die Brücke als Hilfsmittel.

Eulen nach Athen tragen

etwas Überflüssiges tun

Die Redewendung stammt aus der Antike: In Athen gab es viele Eulen beziehungsweise Käuzchen, sie hausten dort vor allem an der Akropolis – weshalb es wirklich keinen Sinn ergeben hätte, weitere dorthin zu tragen. Die Eule war auch ein Sinnbild der Göttin Athene.

nicht lange fackeln

nicht lange zögern

Die Wendung leitet sich vom Hin- und Herflackern einer Fackel her. Wer zögert, bewegt sich, bildlich gesprochen, auch hin und her, anstatt loszugehen.

den Faden verlieren

beim Reden aus dem Konzept kommen; nicht mehr wissen, was man sagen wollte

Aus der Welt des Spinnens und Webens: Wer den Faden verliert, kann erst einmal nicht weitermachen.

der rote Faden

der leitende Gedanke, das Grundmotiv

In die Schiffstaue der englischen Flotte war immer ein roter Faden mit eingewirkt, als Beweis, dass diese Taue der Krone gehörten. Goethe ließe sich davon inspirieren: In den „Wahlverwandtschaften" gebraucht er den „roten Faden" im übertragenen Sinn. Von hier ging die Wendung in den allgemeinen Sprachgebrauch über.

etwas hängt am seidenen (dünnen) Faden

etwas ist sehr gefährdet

Dahinter steckt die griechische und germanische Vorstellung vom Lebensfaden, den die Schicksalsgöttinnen spinnen und der leicht abreißt, wenn er zu dünn ist.

die Fahne nach dem Wind drehen

seine Meinung je nach der Mehrheit ändern

Die Wetterfahne auf dem Turm dreht sich immer mit dem Wind, sie ist unbeständig.

was ist bloß in ihn gefahren

warum benimmt er sich so merkwürdig

Früher glaubte man, dass böse Geister oder der Teufel in einen Menschen fahren und sein Verhalten lenken können.

Farbe bekennen

offen die eigene Meinung sagen

Aus dem Kartenspiel: Man bedient die vorgegebene Farbe und zeigt („bekennt") damit, dass man diese Farbe auf der Hand hatte.

ein Fass aufmachen

um etwas viel Wirbel machen, ausgelassen feiern

Aus dem Englischen, dort spricht man von „fuss – Wirbel, Getue“. Weil man im Deutschen dafür „Fass“ gesagt hat, wurde die zweite Bedeutung im Sinne von „Feiern“ möglich.

sich mit fremden Federn schmücken

fremde Erfolge als die eigenen ausgeben

Eine Fabel des römischen Dichters Phaedrus erzählt von einer Krähe, die sich mit Pfauenfedern schmückt.

Federn lassen

Schaden erleiden

Eine Wendung aus der Jagd. Jagdgeflügel, das sich aus der Falle befreit, verliert dabei meistens Federn.

die eigenen Felle wegschwimmen sehen

die eigenen Chancen schwinden sehen

Die Gerber wässerten früher die Felle im Bach – weshalb diese und damit der Verdienst leicht davonschwimmen konnten.

sein Fett wegkriegen
seine gerechte Strafe oder die richtige Antwort bekommen
Beim Schlachten bekam jeder die ihm zustehende Menge Fett. Heute ist die Wendung ironisch gemeint.

bei jemandem ins Fettnäpfchen treten
sich ungeschickt äußern und dadurch jemanden verärgern
In erzgebirgischen Bauernhäusern stand zwischen Tür und Ofen ein Napf mit Fett, um beim Hereinkommen gleich die nassen Stiefel einzuschmieren. Wer in den Napf trat, verärgerte damit die Hausfrau.

die Hand ins Feuer legen
sich ganz sicher sein
Bei einem mittelalterlichen Gottesurteil musste jemand, um seine Unschuld zu beweisen, seine Hand eine Zeit lang ins Feuer halten.

einen Filmriss haben
nicht mehr wissen, was passiert ist (nach einem Besäufnis)
Der „Film“ steht hier für das Gedächtnis.

den (die) Finger heben
den finanziellen Offenbarungseid leisten
Man schwört, nichts mehr zu besitzen.

sich etwas aus den Fingern saugen
etwas erfinden, sich etwas ausdenken
Das Baby saugt am Finger und hält ihn für die Brustwarze.

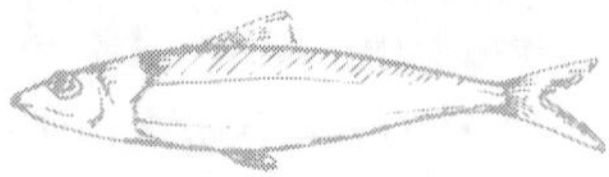

weder Fisch noch Fleisch sein
weder das eine noch das andere sein, unentschieden sein
Die Wendung ist seit dem 16. Jahrhundert gebräuchlich.

das sind ungefangene Fische
das ist noch nicht entschieden, das ist noch sehr unsicher
Erst, wenn das Netz voll ist, sollte man sich freuen.

die Flinte ins Korn werfen
aufgeben
Die Flinte ist ein sehr altes Gewehr. Söldner, die merkten, dass die Schlacht verloren war, warfen ihre Flinte ins Feld, damit sie nicht gleich entdeckt wurde.

die Flöhe husten hören
spitzfindig sein, alles schon vorab ganz genau wissen
Hier ergibt die Übertreibung den Sinn, ähnlich wie bei: das Gras wachsen hören.

einen Sack Flöhe hüten
eine unmögliche Aufgabe haben
Die Redewendung ist seit dem 16. Jahrhundert bekannt. Man findet sie zuerst bei Erasmus von Rotterdam.

flöten gehen
verloren gehen
Das Wörterbuch der Gebrüder Grimm führt diese Redewendung auf den verklingenden Ton der Flöte zurück. Möglich ist aber auch die drastischere Herkunft von „pinkeln", also „fließen gehen".

einen Föhn kriegen
zu viel kriegen, verrückt werden
Der Föhnwind aus dem Alpenvorland steht im Ruf, wettersensible Menschen verrückt zu machen.

klare Fronten schaffen
die Unterschiede zwischen Standpunkten noch stärker betonen, so dass keine Gemeinsamkeit mehr möglich ist
Die „Front“ kommt aus dem Militärischen.

zwischen die Fronten geraten
mit seiner Meinung zwischen gegensätzliche Gruppen oder Lager geraten
In einer Schlacht zwischen die Fronten zu geraten, war extrem gefährlich. Heute steht, wer zwischen zwei gegensätzliche Meinungen gerät, allein da und hat beide Kontrahenten zum Feind.

jemanden unter der Fuchtel haben
jemanden unter Kontrolle haben
Die Fuchtel ist ein spezieller Degen. Daher kommt auch „herumfuchteln“.

auf großem Fuß leben
aufwändig leben, sich viel leisten
Im Hochmittelalter trugen vornehme Leute auffällig verlängerte Schuhe.

kalte Füße bekommen
Bedenken bekommen, Angst haben
Aus dem Englischen, wo Kartenspieler mit der Ausrede das Spiel beendeten, sie hätten kalte Füße. Die Kälte steht aber auch ganz allgemein für Angst. So wird Angstschweiß oft als „kalter Schweiß" bezeichnet.

etwas mit Füßen treten
etwas missachten, gering schätzen
Das, worauf man tritt, wird beschädigt oder zerstört.

jemandem auf die Füße treten
jemandem zu nahe treten, ihn beleidigen
Wer jemandem auf die Füße tritt, kommt ihm körperlich zu nahe, er dringt in seine Intimsphäre ein. Im Mittelalter ergriff man von jemandem oder von etwas Besitz, indem man den Fuß darauf setzte.

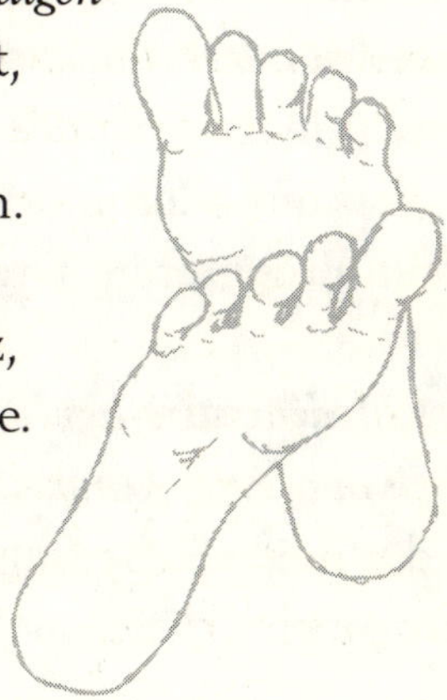

Galgenhumor

Witze reißen trotz aussichtsloser Lage

Wer auf dem Weg zur Hinrichtung noch Witze reißt, um sich und die anderen abzulenken, beweist Galgenhumor.

gang und gäbe

üblich, normal

„Gang" waren Münzen, die gerade im Umlauf, also gültig waren. Und „gäbe" die, die gegeben wurden, also Münzen, mit denen bezahlt werden konnte.

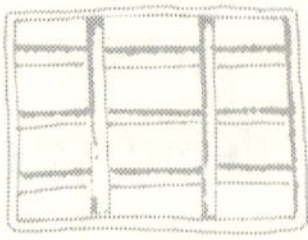

hinter schwedischen Gardinen

hinter Gittern, im Gefängnis

Schwedischer Stahl, aus dem die Gitterstäbe gemacht waren, galt als besonders haltbar. Möglich ist aber, dass man dies nur aufgrund des harten Vorgehens der schwedischen Eroberer im Dreißigjährigen Krieg dachte.

eine Gardinenpredigt halten

nervige und lange Vorwürfe machen

Aus der Zeit, als die Betten noch Vorhänge hatten: Dahinter machte die Frau dem Mann dann ihre Vorwürfe.

ein Gedöns machen
ein überflüssiges und umständliches Getue machen
Von mittelhochdeutsch „gedense – Gezerre", womit viel Hin und Her verbunden ist.

jemandem ins Gehege kommen
jemanden in seinem Bereich stören, ihm in die Quere kommen
Das Gehege ist ein abgezäunter Waldbereich für das Wild.

weiß der Geier
ich weiß es nicht
Der Geier, als Aasfresser ohnehin ein Totenvogel, steht oft als Umschreibung für den Teufel. Die Redensart ist eine Beteuerung, in der man sich auf den Teufel oder andere Dämonen beruft, die ja alles wissen.

Geld herausschlagen
viel verdienen, viel Profit machen
Früher wurden die Münzen per Hand aus dem Metall herausgeschlagen. Die Redewendung ist auch bekannt als „etwas herausschlagen".

Geld springen lassen

großzügig sein, etwas ausgeben

Wer einen ausgibt, lässt das Geld oft mit einer werfenden Bewegung auf den Tisch fallen.

Geldschneiderei

Wucher

Im Mittelalter beschnitten Geldwechsler die Münzen und machten sie so leichter, um den Profit zu erhöhen.

geliefert sein

erwischt sein, keine Chance mehr haben

Ursprünglich hieß es „ausgeliefert sein“.

geschniegelt und gestriegelt

sehr sorgfältig angezogen und zurechtgemacht

In der Pferdepflege glättet der Striegel das Fell. Schniegeln bedeutete, sich zu kämmen, sich schön zu machen.

darauf kannst du Gift nehmen

darauf kannst du dich verlassen

Diese Redensart ist noch jung und bezieht sich vermutlich auf Arzneien, die ja oft Gift enthalten – nur eben in heilender Dosierung.

etwas an die große Glocke hängen

etwas überall bekannt machen, mit jedem darüber reden

Früher wurden Bekanntmachungen durch den Gemeindediener ausgerufen, der dazu mit einer Glocke läutete.

das Glück beim Schopfe packen

eine gute Gelegenheit nutzen und festhalten

Der griechische Gott Kairos, der für die richtige Stunde steht, hatte eine Stirnlocke und einen kahlen Nacken.

da wächst kein Gras mehr

das ist verwüstet, beschädigt

Wo ständig jemand hintritt oder wo einmal so richtig etwas beschädigt wurde, da kann nichts mehr wachsen.

ins Gras beißen

sterben

Ursprünglich war der Tod auf dem Schlachtfeld gemeint, wenn der Soldat zu Boden sinkt.

Haare auf den Zähnen haben

unfreundlich sein, sich immer gleich mit Worten verteidigen

Viel Haar zu haben, auch am Körper haarig zu sein heißt, kräftig zu sein wie ein ausgewachsener Mann. Die äußerste Steigerung wäre es eben, sogar auf den Zähnen noch Haare zu haben.

etwas ist haarig

etwas ist schwierig, mit Vorsicht zu genießen

Was haarig ist, also kräftig, dem sollte man sich vorsichtig nähern.

Hahn im Korbe sein

Liebling sein, der einzige Mann unter lauter Frauen sein

Bei Hahnenkämpfen wurden die Tiere in Körben präsentiert. Zum Markt wurde das Geflügel in Körben getragen. Der Korb kann auch für den Hühnerhof stehen.

etwas auf halbmast tragen

etwas nur auf halber Höhe tragen (z. B. Socken, Krawatten)

Bei Trauerfällen werden die Fahnen nicht bis an die Spitze des Mastes gezogen, sondern auf halbe Höhe gesetzt.

es hängt mir zum Halse heraus
ich bin seiner überdrüssig, ich habe es satt
Wer zu viel isst, dem kommt das Gegessene zum Halse heraus. Bei manchem Federvieh kommt das wirklich vor.

den Hals aus der Schlinge ziehen
im letzten Moment davonkommen, sich aus der Affäre ziehen
Der zum Galgen Verurteilte war im letzten Moment der Hinrichtung entgangen, wenn es ihm gelang, den Hals aus der Schlinge zu ziehen.

Hals- und Beinbruch
viel Glück
Die Rede ist hier nicht vom Hals und von den Beinen oder Knochen. Vielmehr ist die Glücksformel aus dem Jiddischen und damit aus dem Hebräischen eingedeutscht: von „hazlachá – Glück" und „b'rachá – Segen".

das ist der Hammer
das ist wirklich toll; aber auch: das ist ein schwerer Schlag
Beide Bedeutungen spielen darauf an, dass das Ereignis auf einen so stark wirkt wie ein Hammerschlag.

unter den Hammer kommen
versteigert werden
Bei Versteigerungen wird mit Hammerschlägen verkündet, wer den Zuschlag bekommt.

behämmert
blöd im Kopf
Wie mit dem Hammer geschlagen – daher auch der Ausdruck „bekloppt", der dasselbe meint.

die Hand über jemanden halten
jemanden beschützen, jemanden fördern
Die Hand war immer ein Symbol der Macht. Ein Herrscher konnte einen Angeklagten begnadigen, indem er die Hand über ihn hielt. Wenn heute ein Chef die Hand über einen Mitarbeiter hält, schützt und fördert er ihn.

Hand und Fuß haben
vollständig sein, gut durchdacht sein
Die rechte Hand führte im Mittelalter das Schwert, der linke Fuß stieg zuerst in den Steigbügel. Beides zu verlieren, machte einen Mann kampfunfähig.

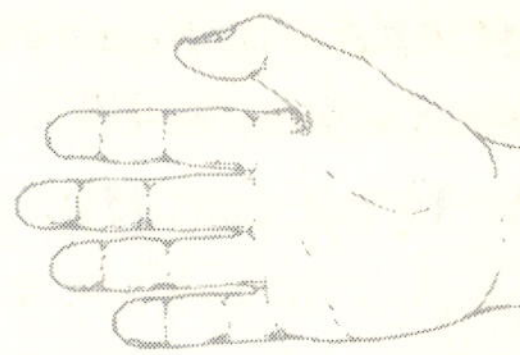

die Hand ins Feuer legen
siehe Feuer

jemanden auf Händen tragen
jemanden beschützen und verwöhnen
Psalm 91,12: „Sie (die Engel) tragen dich auf ihren Händen, damit dein Fuß nicht an einen Stein stößt."

die Hände in Unschuld waschen
etwas nicht ändern können und nicht schuld daran sein
Das Händewaschen ist ein Zeichen dafür, dass man an etwas unschuldig ist (vgl. Psalm 26,6 und Mt 27,24).

das Handtuch werfen
aufgeben
Wer im Boxkampf unterliegt, bekommt von seinem Trainer das Handtuch in den Ring zugeworfen.

jemandem das Handwerk legen
jemanden an unerlaubten Machenschaften hindern
Wer gegen Vorschriften seiner Zunft verstieß, dem konnte die Ausübung des Handwerks verboten werden.

eine Sache ist hanebüchen
eine Sache ist wirklich unglaublich, ein starkes Stück
Die Hain- oder Hagebuche hat besonders derbes Holz.

mit Hängen und Würgen
gerade eben noch, mit Mühe und Not
Wieder eine Redewendung, die vom Galgen herrührt.

jemanden hänseln
sich über jemanden lustig machen
„Hansa" bedeutete im Althochdeutschen „Gruppe, Schar" (daher der mittelalterliche Städtebund der Hanse). Um in diese Gruppe aufgenommen zu werden, musste man unangenehme Rituale über sich ergehen lassen.

jemandem zeigen, was eine Harke ist
jemandem mit Nachdruck den eigenen Standpunkt klar machen, mutig sein
Dahinter steckt die weit verbreitete Geschichte vom Bauernsohn, der bei der Heimkehr aus der Fremde so tut, als würde er nicht mal mehr eine Harke erkennen. Bis er auf die Zinken tritt und ihm der Stiel an den Kopf

prallt. „Du verfluchte Harke“, schreit er – nun weiß er auf einmal wieder, was eine Harke ist.

jemanden in Harnisch bringen
jemanden wütend machen
Der Harnisch ist die Rüstung, in der jemand kämpft.

mein Name ist Hase, ich weiß von nichts
ich bin ahnungslos und daher unschuldig
Ein Heidelberger Student namens Victor Hase verhalf einem anderen, nachdem dieser sich duelliert hatte, zur Flucht. Und bei allen gerichtlichen Befragungen antwortete Hase daraufhin mit diesem Satz.

da liegt der Hase im Pfeffer
das genau ist das Problem
Hasenpfeffer ist ein Gericht. Und wenn das gekocht ist, dann ist dem Hasen längst nicht mehr zu helfen.

hasenfüßig sein
ängstlich sein
Der Hase ist ängstlich und läuft schnell weg.

unter die Haube kommen
heiraten, verheiratet werden
Verheiratete Frauen trugen früher eine Haube.

etwas haut hin
etwas passt
Hauen hieß bei den Soldaten ein von oben nach unten schneidender Hieb (daher der Haudegen).

aus der Haut fahren
einen Wutanfall kriegen
Wenn sich jemand so richtig ärgert, hat er so viel Energie, dass er seine äußere Hülle glatt sprengen könnte.

jemanden durchhecheln
über jemanden lästern
Die Hechel ist ein Kamm, den man durch Flachs zieht.

Hecht im Karpfenteich sein
in einer Gruppe die trägeren Mitglieder aufscheuchen
Der Hecht ist ein räuberischer Fisch. Wenn er in einen Karpfenteich gesetzt wird, jagt er die Karpfen und bringt

sie in Bewegung. Heute sagt man so von jemandem, der in einem Team eine derartige Rolle einnimmt.

es zieht wie Hechtsuppe
es zieht sehr stark
Die Redensart hat nichts mit dem Fisch zu tun, sondern kommt vom jiddischen „hech supha – starker Wind".

das Heft in der Hand haben
Herr der Lage sein, die Kontrolle haben
Nicht das Schreibheft, sondern der Griff eines Schwertes oder Degens ist hier gemeint.

eine Heidenangst haben
große Angst haben
Das Wort Heiden- verstärkt immer einen anderen Begriff, beispielsweise: Heidenlärm, Heidenspaß.

jemandem heimleuchten
jemanden deutlich zurecht- und zurückweisen
Früher geleitete ein Diener mit Laterne die Gäste heim. Heute sagt man ironisch so.

etwas herausreißen

etwas Gutes macht etwas ansonsten Misslungenes doch noch akzeptabel

Das Misslingen wird hier als Loch oder Abgrund gesehen, aus dem die Sache noch herausgerissen wird.

jemanden auf Herz und Nieren prüfen

jemanden ganz genau prüfen

Aus dem Alten Testament (Ps 7,10, Jer 11,20): Man glaubte, dass in den Nieren das Gewissen sitzt.

etwas ist hieb- und stichfest

etwas ist durch kein Argument zu erschüttern

Durch feste Rüstungen dringt kein Hieb oder Stich.

nach hinten losgehen

sich genau gegenteilig entwickeln als geplant

Ein Schuss muss natürlich nach vorne losgehen.

sich auf die Hinterbeine stellen

protestieren, aufbegehren

Störrische Pferde stellen sich auf die Hinterbeine.

ins Hintertreffen geraten
in eine nachteilige Position geraten
Die hinteren Reihen einer Truppe, die Reserve, waren wenig ehrenvoll. Wer hierhin geriet, konnte nicht darauf hoffen, an der eventuellen Beute beteiligt zu werden.

sich in die Höhle des Löwen wagen
sich in Gefahr begeben, sich dem gefährlichen Gegner nähern
Nach einer Fabel von Äsop: Ein kranker Löwe will einen Fuchs in seine Höhle locken. Der jedoch lehnt dankend ab: Es würden zwar viele Spuren in die Höhle hinein-, jedoch keine wieder herausführen.

vom Hölzchen aufs Stöckchen kommen
vom einen auf das andere kommen, vom Hundertsten ins Tausendste kommen, abschweifen
Ein Ast oder Zweig teilt sich vielfach.

auf dem Holzweg sein
sich irren
Waldwege, die nur zum Holzabfahren angelegt werden, führen zu keiner Siedlung.

ins gleiche Horn stoßen
dieselbe Meinung vertreten
Hörner gaben früher nur einen Ton von sich. Alle, die auf einem Horn bliesen, erzeugten den gleichen Ton.

sich die Hörner abstoßen
die ersten Erfahrungen sammeln und danach ruhiger werden
Die jungen Rehböcke stoßen sich die Hörner ab.

jemandem Hörner aufsetzen
den Ehemann betrügen
Wenn die Ehefrau fremdgeht, setzt sie ihrem Mann Hörner auf. Die Erklärung für die Redewendung ist etwas kompliziert: Der betrogene Ehemann wird auch „Hahnrei" genannt, als Symbol dafür, dass er seine Manneskraft verloren hat. Ein Hahnrei aber war früher ein kastrierter Hahn: Man schnitt ihm die Sporen ab und setzte sie in den Kamm des Tieres, wo sie wie Hörner weiterwuchsen.

ausgehen wie das Hornberger Schießen
etwas groß Angekündigtes bleibt ohne Ergebnis
Die Hornberger Bürger wollten den Fürsten mit Salut-

schüssen begrüßen, verschossen jedoch alles Pulver zu früh. Als der Fürst kam, riefen sie daher „Piff-Paff".

die Hose voll haben

Angst haben

Sich vor Angst in die Hosen zu machen, das soll schon vorgekommen sein.

die Hosen anhaben

das Kommando haben

Früher trugen nur Männer Hosen – und sie hatten in der Familie das Sagen.

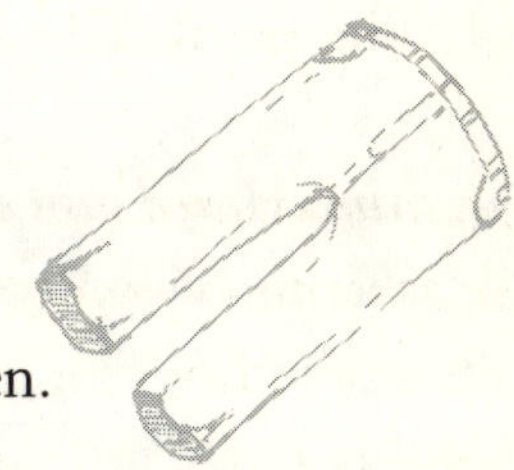

aus der Hüfte schießen

schnell reagieren, sodass man dem Feind zuvorkommt

Westernhelden tragen den Colt an der Hüfte. Sie ziehen ihn so schnell, dass der Gegner nichts merkt, bis er getroffen ist.

mit jemandem ein Hühnchen rupfen

mit jemandem einen Streit austragen

Die Herkunft dieser Wendung ist unklar. Es geht um etwas Unangenehmes, das zwei gemeinsam erledigen.

da lachen ja die Hühner
das ist ja lächerlich, das glaubt doch niemand
Eine junge Redewendung. Sie lässt sich so erklären, dass etwas so dumm ist, dass nicht mal Hühner es glauben.

in Hülle und Fülle
mehr als genug, im Überfluss
„Hülle" ist die Kleidung und „Fülle" die Nahrung.

auf den Hund kommen
in schlechte Verhältnisse geraten
Hunde lebten früher oft sehr armselig. Auch war in vielen Truhen innen auf dem Boden ein Hund aufgemalt, als Abschreckung für Diebe oder als Mahnung, sparsam zu sein: Befand sich nichts mehr in der Truhe, war man auf den Hund gekommen.

vor die Hunde gehen
zugrunde gehen
Eine Redewendung aus der Jagd: Das Wild gerät erst vor die Hunde und wird dann erlegt.

das ist ein dicker Hund

das ist ungeheuerlich

Laut dem Grimmschen Wörterbuch war es im Mittelalter eine starke Beleidigung, wenn man jemandem anstatt eines Geschenks einen dicken Hund hinwarf.

bekannt sein wie ein bunter Hund

überall bekannt sein

Bunte, also mehrfarbige Hunde sind auffälliger.

da liegt der Hund begraben

das ist die Ursache des Problems

Zwei mögliche Quellen hat die Wendung: In Thüringen gibt es einen Grabstein für einen Hund mit dieser Inschrift. Und im Volksglauben bewachte oft ein schwarzer Hund (der Teufel) einen verborgenen Schatz. Irgendwann sprach man dann statt vom Schatz vom Wächter.

den Letzten beißen die Hunde

der Letzte hat Pech

Aus der Jagd. Das Wild, das am langsamsten flüchtet, erwischen die Hunde.

hundsmiserabel

unglaublich schlecht

Weil Hunde früher oft so elend lebten, gibt es viele Wörter, die mit „Hund" verbunden werden, um die negative Bedeutung zu verstärken: hundeelend, hundsgemein ...

am Hungertuch nagen

sehr arm sein

Wörtlich im Sinne von „hungern" nimmt man diese Redewendung heute nicht mehr. Früher aber ging es um richtiges Fasten: Während der Fastenzeit war in den Kirchen der Altar mit einem schwarzen oder blauen „Hungertuch" verhängt. Im Volksmund hießen diese Hungertücher auch „Schmachtlappen". Das Hungertuch wurde aber nicht etwa angenagt: Hinter „nagen" verbirgt sich das Wort „nähen".

jemandem etwas husten

jemandem ordentlich die Meinung sagen

Jemanden anzuhusten ist nicht gerade höflich. Das ist der Sinn dieser Redewendung.

alles unter einen Hut bringen
alles miteinander vereinbaren können, alles schaffen
Normalerweise passt immer nur ein Kopf unter einen Hut – also eine Meinung. Mehrere Köpfe stehen für mehrere Ansichten, die alle zusammengefasst werden. Heute gebraucht man die Redewendung aber auch für das Erledigen von Aufgaben, die eigentlich zu viel für einen Einzigen sind.

das kannst du dir an den Hut stecken
das kannst du behalten und damit machen, was du willst
An den Hut steckte man früher schmückendes Beiwerk wie Orden, Trophäen, Blumen, Federn oder Bänder. Wer diese Redewendung gebraucht, zeigt damit, dass ihm an der jeweiligen Sache nichts liegt.

das geht mir über die Hutschnur
das geht zu weit, das ist unerträglich
Hutschnüre sitzen sehr hoch. Wenn es schon unangenehm ist, bis zum Hals in etwas zu stecken, so ist es über die Hutschnur hinaus noch unangenehmer.

das Tüpfelchen auf dem i
der letzte kleine Rest, der eine Sache komplett macht
Ohne Punkt ist das i unvollständig.

jemanden impfen
jemanden warnen, einweihen
Die Impfung schützt. Im übertragenen Sinn impft man jemanden, damit er weiß, wie er sich verhalten muss.

in flagranti erwischen
auf frischer Tat ertappen
Eigentlich hieß es „in flagranti crimine – in brennendem Verbrechen", also während die Sache noch heiß ist.

etwas in petto haben
etwas bereithaben
Aus dem Italienischen: „in petto – in der Brust".

etwas intus haben
etwas gegessen haben, etwas gelernt haben
Aus dem Lateinischen: „intus – innen, drinnen". Wer zu viel intus hat, ist beschwipst oder betrunken.

Ja und Amen sagen
einverstanden sein, ohne etwas zu hinterfragen
Aus dem Neuen Testament (1. Korinther 1,20) stammt diese Wendung.

das ist Jacke wie Hose
das ist ganz egal
Die Redensart bezieht sich darauf, dass in der Neuzeit Jacke und Hose zunehmend aus dem gleichen Stoff geschneidert waren – da gab es also keine Unterschiede mehr.

nicht der wahre Jakob sein
nicht das Richtige sein
Vielleicht bezieht sich die Wendung auf die alttestamentliche Geschichte von Jakob, der sich gegenüber seinem blinden Vater Isaak als älterer Bruder Esau ausgibt (1. Mose 27). Möglich ist auch die Herkunft aus der Jakobs-Pilgerfahrt: Wer nicht nach Santiago de Compostela zum Grab des heiligen Jakobus wanderte, sondern eine näher gelegene Jakobuskirche als Ziel seiner Wallfahrt wählte, war nicht zum „wahren Jakob" gepilgert.

Jemine; o Jemine
Ausruf der Bestürzung
Verkürzte Form von „O Jesu Domine – O Herr Jesus".

über den Jordan gehen
sterben, verloren gehen
In der frommen Literatur besonders des 17. und 18. Jahrhunderts galt der Jordan oft als Schwelle ins Himmelreich, so wie der wirkliche Fluss Jordan in Israel das Gelobte Land nach Osten hin begrenzt. Statt des Jordan nennt man auch andere Flüsse, etwa die Wupper, oder einen Gebirgszug wie den Deister im Weserbergland.

nicht ein Jota zurücknehmen
überhaupt nichts zurücknehmen
Das Jota ist der kleinste Buchstabe des griechischen Alphabets. Es kommt an neunter Stelle.

alle Jubeljahre einmal
sehr selten
Jubeljahre waren zur Zeit des Alten Testaments in Israel besondere Jahre, in denen alle Schulden und Pfändungen

erlassen wurden. Sie kamen immer nach sieben mal sieben Jahren wieder, fanden also alle 50 Jahre statt und wurden mit Hörnerschall angekündigt. Vom hebräischen Wort für Hörnerschall kommt auch der Name: „jobel – Widderhorn". Unser „jubeln" wie auch das „Jubiläum" leiten sich daraus ab. Ob die Jubeljahre Wirklichkeit waren oder nur gut ausgedacht, weiß man heute nicht mehr. Die katholische Kirche rief im Mittelalter regelmäßig Jubeljahre aus, in denen die Menschen mit Ablasszahlungen die Befreiung von Sündenstrafen erlangen konnten. Heute sind die kirchlichen Jubeljahre (zuletzt das Jahr 2000) natürlich nicht mehr mit Ablasshandel verbunden.

aus Jux und Dollerei

aus Spaß und Übermut

„Jux" kommt von lateinisch „jocus – Spaß". Diese Redewendung ist wie so viele andere „doppelt gemoppelt": Beide Wörter meinen dasselbe und verstärken sich damit gegenseitig.

jemanden durch den Kakao ziehen
über jemanden schlecht reden
Der Kakao steht hier für ein anderes, ähnlich klingendes Wort, das nicht salonfähig ist. Ahnen Sie, für welches?

olle Kamellen
alte Sachen, längst bekannte Phrasen
„Kamellen“ sind nicht die Bonbons beim rheinischen Karneval, sondern die Kamillepflanzen. Die verlieren, je älter sie werden, umso mehr an Aroma und Heilkraft.

alles über einen Kamm scheren
alles gleich beurteilen und behandeln, ohne Rücksicht auf Besonderheiten
Beim Schafscheren werden grobe und feine Wolle über unterschiedliche Kämme geschoren. Oder der Barbier ist gemeint, der allen Kunden über demselben Kamm Bart und Haare schneidet.

jemanden an die Kandare nehmen
auf jemanden aufpassen, ihn kontrollieren
Die Kandare ist die Gebissstange am Zaumzeug.

das ist unter aller Kanone
das ist total schlecht
Von lateinisch „canon – Regel, Richtschnur".

etwas auf die hohe Kante legen
sparen
Geld wird in Rollen verpackt und die Rollen so gelagert, dass die Münzen auf der Kante stehen.

etwas auf die eigene Kappe nehmen
für die Folgen die Verantwortung übernehmen
Unter der Kappe steckt der Kopf – und der ist eigentlich gemeint. Und das englische „cape" ist der Mantel, das Wams, auf das man die Schläge für etwas bekommt.

den Karren aus dem Dreck ziehen
eine verfahrene Sache wieder in Ordnung bringen
Das Bild spricht für sich: So etwas ist sehr mühevoll.

jemandem an den Karren fahren
jemandem zu nahe treten
Hier steht der Karren für seinen Besitzer.

sich vor jemandes Karren spannen lassen

sich von jemandem für dessen Zwecke ausnutzen lassen

Vor einen Karren werden Zugtiere gespannt – und als solches will man einem anderen ja nicht dienen.

rin in die Kartoffel, raus aus den Kartoffeln

erst so, dann wieder so

Aus dem Militärischen, bezogen auf widersprüchliche Anweisungen: Sollten die Soldaten die Kartoffeläcker betreten oder nicht? Der eine Vorgesetzte befahl es, der andere nahm den Befehl wegen der Flurschäden zurück.

für jemanden die Kastanien aus dem Feuer holen

für jemanden etwas Unangenehmes übernehmen

Aus einer vielfach überlieferten Fabel, die auch bei La Fontaine zu finden ist: Ein Affe bringt eine Katze durch List (in anderen Versionen durch Gewalt) dazu, ihm heiße Kastanien aus der Asche zu holen.

etwas auf dem Kasten haben

fähig sein, etwas im Kopf haben

Der Kopf wird auch als Hirnkasten bezeichnet.

alles für die Katz

alles vergebens

Man fütterte Katzen mit Küchenresten aus dem Abfall.

die Katze im Sack kaufen

etwas unbesehen kaufen

Früher steckten Betrüger auf Märkten oft Katzen statt Ferkeln oder Hasen in die Säcke ...

die Katze aus dem Sack lassen

die Wahrheit sagen, etwas zugeben

... und wenn die Katze dann rausgelassen wurde, kam die Wahrheit ans Licht.

Katzenwäsche machen

sich mit ganz wenig Wasser waschen

Katzen sind wasserscheu. Dennoch tut ihnen die Wendung Unrecht, denn sie lecken sich sehr sauber.

ein komischer Kauz sein

ein merkwürdiger, linkischer Mensch sein

Der Kauz ist ein Nachtvogel und bei Tageslicht unsicher.

dieser Kelch ist an mir vorübergegangen
das ist mir erspart geblieben
Nach Matthäus 26,39, wo Jesus vor seiner Verhaftung durch die römischen Soldaten betet: „Ist's möglich, so gehe dieser Kelch an mir vorüber." Gemeint war der Tod am Kreuz.

in dieselbe Kerbe hauen
dieselbe Meinung, dasselbe Argument äußern
Beim Holzfällen wird das Ziel am schnellsten erreicht, wenn mehrere Arbeiter in dieselbe Kerbe hauen.

etwas auf dem Kerbholz haben
ein Vergehen begangen haben
In ein Kerbholz wurden früher Schulden eingeritzt, eingekerbt oder -gebrannt.

mit Kind und Kegel
mit der ganzen Familie
„Kegel" hießen die nicht ehelichen Kinder, vor allem auf Bauernhöfen die Kinder von Mägden und ihren Herren.

wir werden das Kind schon schaukeln

das kriegen wir schon hin

Das Baby in der Wiege wird von jemand anderem geschaukelt, wenn die Mutter außer Haus sein muss.

keine gute Kinderstube haben

keine gute Erziehung haben, sich schlecht benehmen

Die Kinderstube gilt als Ort der Erziehung.

arm sein wie eine Kirchenmaus

sehr arm sein

In Kirchen gibt es keine Speisekammer – also sind die Mäuse in Kirchen besonders arm dran.

mit ihm ist nicht gut Kirschen essen

ihn muss man vorsichtig behandeln, er wird schnell wütend

Kirschbäume standen früher in den Gärten von Klöstern und hohen Herren. Wer mit diesen wichtigen Leuten allzu unbekümmert umging – bildlich gesprochen: Kirschen aß –, riskierte, die Kerne ins Gesicht gespuckt zu bekommen.

klammheimlich
äußerst heimlich
Von lateinisch „clam – heimlich". Das Wort ist also doppelt gemoppelt, um die Bedeutung zu verstärken.

jemanden über die Klinge springen lassen
jemanden fallen lassen, sterben lassen
Gemeint ist die Schwertklinge des Henkers.

Klinken putzen gehen
mit einem Anliegen oder einer Bitte jeden ansprechen
Wenn jemand dauernd Klinken in die Hand nimmt, macht er sie damit blank.

klipp und klar
ganz klar
Im Niederdeutschen sagt man für „passen" auch „klippen". Die Wendung besticht durch das doppelte k.

einen Klotz am Bein haben
durch etwas in der Bewegungsfreiheit eingeschränkt sein
Gefangene bekamen einen Klotz ans Bein gekettet.

Knall auf Fall
sehr schnell, schneller als erwartet
Aus der Jagd: Erst knallt es, dann fällt das Wild.

etwas übers Knie brechen
etwas übereilt und dadurch unvorbereitet und unbedacht tun
Holz, das über dem Knie gebrochen wird anstatt zersägt zu werden, bricht ungenau und unsauber.

jemandem etwas abknöpfen
jemandem etwas wegnehmen
Reiche Leute trugen oft goldene oder silberne Knöpfe.

Kohldampf schieben
starken Hunger haben
„Kohler" bedeutet in der Gaunersprache „wütender Hunger". Bekannt ist auch „Er kriegt einen Koller – er kriegt die Wut." Und „Dampf" heißt ebenfalls „Hunger".

feurige Kohlen auf jemandes Haupt sammeln
jemandem etwas Gutes tun und ihn dadurch beschämen
Aus der Bibel: „Hat dein Feind Hunger, gib ihm zu essen,

hat er Durst, gib ihm zu trinken; so sammelst du glühende Kohlen auf sein Haupt ..." (Sprüche 25,21f).

den Kopf in den Sand stecken
das Problem nicht sehen wollen
Angeblich steckt der Vogel Strauß den Kopf in den Sand, wenn er bei Gefahr nicht gesehen werden will. Weil er selbst dann nichts sieht, glaubt er sich auch für andere unsichtbar.

jemandem den Kopf waschen
jemanden tüchtig ausschimpfen
Früher, als es noch häufiger Läuse und Ausschlag gab, war das Kopfwaschen keine zarte Angelegenheit.

einen Korb bekommen
abgewiesen werden
Früher sagte man so von abgelehnten Heiratsanträgen, heute auch von anderen Bitten, die abgewiesen werden. Der Ursprung ist eine mittelalterliche Sitte: Wer um eine Frau warb, ließ sich von ihr in einem Korb zum Fenster hinaufziehen. Wollte die Frau den Mann nicht, so hatte

sie vorher dafür gesorgt, dass der Boden des Korbes lose war – der Freier fiel durch. Daher kommt übrigens auch die Wendung „durch die Prüfung fallen".

jemanden aufs Korn nehmen
jemanden scharf und kritisch beobachten
Jäger und Schützen richten den Blick durch Kimme und Korn, die Visiereinrichtung am Gewehrlauf, aus.

mir platzt der Kragen
ich bin total wütend
Wer sich sehr ärgert, dem schwillt die Halsschlagader.

ins Kraut schießen
schnell in unnützer oder unguter Hinsicht wachsen
Wenn eine Pflanze ins Kraut schießt, wachsen die Blätter stark und die Früchte bleiben klein oder ganz weg.

bei jemandem in der Kreide stehen
Schulden bei jemandem haben
Früher schrieb der Wirt Schulden seiner Gäste mit der Kreide an.

Krethi und Plethi

bunt zusammengewürfeltes Volk, Pöbel, jedermann

Die „Krether und Plether" tauchen schon in der Bibel auf (2. Samuel 8,18), als Leibwache des Königs David. Man vermutete hinter den Namen bislang die Süd- (Krethi) und Nordphilister (Plethi). Es ist aber auch möglich, dass die Namen von den hebräischen Begriffen „krethi – töten" und „plethi – schnell laufen, fliehen" abzuleiten sind. Demnach wären die Krether und Plether gefürchtete Sonderkommandos des Königs gewesen.

zu Kreuze kriechen

sich unterwerfen, nachgeben

Zur Buße krochen früher die Menschen auf Knien zum Kreuz, beispielsweise an Karfreitag.

zum Kuckuck

Fluch

Der Kuckuck gilt als Glücksvogel, der in die Zukunft sehen kann. Er wird oft auch stellvertretend für den Teufel genannt, dessen Namen man sich nicht auszusprechen traute.

eine ruhige Kugel schieben
sich nicht sehr anstrengen
Die Redewendung kommt wohl aus dem Kegelspiel.

die Kuh vom Eis bringen
eine schwierige Situation entschärfen, ein Problem lösen
Das Bild spricht für sich: Man braucht Fingerspitzengefühl und Vorsicht, um eine Kuh vom Eis zu bugsieren. Und jeder ist froh, wenn es geschafft ist.

das geht auf keine Kuhhaut
das ist unglaublich, unverschämt
Früher schrieb man auf Pergament, das aus der Haut von Schafen, Ziegen oder Kälbern hergestellt war. Eine Kuhhaut ist nun viel größer als diese Häute. Wenn etwas trotzdem nicht darauf passt, dann muss es sehr viel darüber zu sagen geben.

den Kürzeren ziehen
im Nachteil sein
Beim Losziehen mit Halmen oder Stäbchen hatte der gewonnen, der den längeren zog.

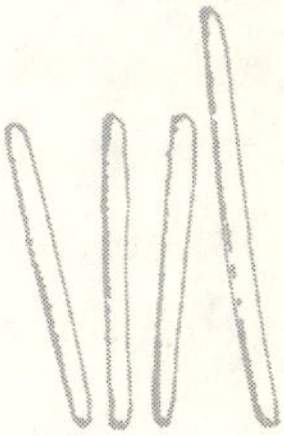

gelackmeiert sein
betrogen worden sein
Man ist durch eine Lackschicht getäuscht worden.

geladen sein
sehr wütend sein, kurz vor dem Explodieren sein
Wenn ein Gewehr geladen ist, löst sich leicht ein Schuss.

Land sehen
das Ziel sehen, dem Ziel nahe sein
Wenn Land in Sicht ist, ist das Schiff fast am Ziel.

für jemanden eine Lanze brechen
sich für jemanden einsetzen, für ihn sprechen
Lanzen brechen im Turnier, eigentlich geht es also darum, sich für jemanden zu streiten, ihn zu verteidigen.

sich etwas durch die Lappen gehen lassen
etwas verpassen, sich etwas entgehen lassen
Bei der Treibjagd wurden Lappen zwischen die Bäume gehängt, um das Wild am Ausbrechen zu hindern.

fertig ist die Laube

die Sache ist fertig, und Schluss jetzt

Gartenlauben zu bauen geht schneller, als ein Haus zu errichten. Die Redewendung besagt, dass man jetzt nicht noch mehr Zeit auf eine Sache verwenden will.

etwas läuft

etwas funktioniert

Man sagt auch: Es läuft wie geschmiert. Maschinen, die gut laufen sollen, werden geschmiert, geölt.

sich wie ein Lauffeuer verbreiten

sich sehr schnell herumsprechen

Lauffeuer ist Schießpulver, das streifenartig ausgeschüttet oder in Röhren verpackt war, wodurch es sich, einmal entzündet, besonders schnell ausbreitete.

jemandem den Laufpass geben

sich von jemandem trennen, ihn fortschicken

Der Laufpass war der Ausweis, der den Soldaten früher bei ihrer Entlassung ausgestellt wurde. Heute wird die Redewendung vor allem bei Trennungen gebraucht.

etwas läuten hören
von etwas hören, aber noch nichts Genaues wissen
Die Kirchenglocken verbreiteten durch ihr Läuten auch die Nachricht von Ereignissen.

frei von der Leber weg reden
ohne Scheu und Zurückhaltung reden
Die Leber galt früher als Organ, in dem die Lebenssäfte und damit die Temperamente (z. B. der Zorn) sitzen.

ihm ist eine Laus über die Leber gelaufen
er hat sich über eine Nichtigkeit geärgert
Die Laus steht für etwas Kleines, Unbedeutendes. Die Leber ist wieder das Organ, in dem die Wut sitzt.

vom Leder ziehen
schimpfen, verbal angreifen
Die Scheide, aus der man das Schwert zog, war aus Leder.

Lehrgeld zahlen
teure Erfahrungen machen, durch Schaden klug werden
Früher mussten Lehrlinge für die Lehre zahlen.

immer dieselbe Leier

immer dieselbe, längst bekannte Erzählung

Beim Leierkasten sind die Melodien vorgegeben.

jemandem auf den Leim gehen

auf jemanden hereinfallen

Die Vogelsteller fingen ihre Beute auf Leimruten.

alles über einen Leisten schlagen

alles nach derselben Weise beurteilen und tun

Der Leisten ist ein Fußmodell, anhand dessen ein Schuh hergestellt wird. Wer alle Schuhe über demselben Leisten zusammenschustert, achtet nicht auf Unterschiede.

sich einen faulen Lenz machen

faulenzen

Dieser Lenz hat nichts mit dem Frühling zu tun, sondern ist die Kurzform von Lorenz.

jemandem die Leviten lesen

jemanden ausschimpfen, ihm Strafpredigten halten

Das dritte Buch Mose in der Bibel heißt auch „Leviticus", weil darin hauptsächlich Vorschriften für den Gottesdienst und das Opfern stehen. Die Vorschriften sind an die Priester, die so genannten Leviten, gerichtet.

ihm geht ein Licht auf
er versteht es endlich
Schon in der Bibel gilt das Licht als Symbol für die Erkenntnis.

jemanden hinters Licht führen
jemanden täuschen
„Hinter dem Licht" bedeutet „im Dunkeln". Jemand wird getäuscht, weil er nichts zu sehen bekommt.

sein Licht unter den Scheffel stellen
zu bescheiden sein, sein Können verbergen
Ein Scheffel ist ein Gefäß, ein Hohlmaß, in dem beispielsweise Getreide abgemessen wurde. „Man zündet auch nicht ein Licht an und setzt es unter einen Scheffel", heißt es in Matthäus 5,15. Gemeint ist, dass man eine gute Sache nicht geheim hält.

ein Lied von etwas singen können
von schlechter Erfahrung mit einer Sache berichten können
Früher wurden Erzählungen oft als Lied weitergegeben.

eine große Lippe riskieren
angeberisch daherreden
Die große Lippe steht für große Worte.

aus dem letzten Loch pfeifen
am Ende sein, sehr arm oder sehr krank sein
Gemeint ist das letzte Loch eines Blasinstrumentes.

locker lassen
sich entspannen, nachgeben
Früher sprach man vor allem davon, „nicht locker zu lassen", also davon, nicht nachzugeben, an einer Sache dranzubleiben. Heute sagt man eher: „Lass mal locker" und meint damit: „Entspann dich mal."

den Löffel abgeben
sterben
Starb der Älteste, so bekam der Jüngste seinen Löffel,

der Älteste hatte den Löffel also abgegeben. Der Löffel ist auch Symbol für das Essen und damit für das Leben.

jemanden über den Löffel barbieren
jemanden betrügen
Auf jemanden keine Rücksicht nehmen. Die Barbiere steckten alten, zahnlosen Männern einen Löffel in den Mund, damit deren Wange besser rasiert werden konnte.

sich etwas hinter die Löffel schreiben
siehe: sich etwas hinter die Ohren schreiben
Die Hasenohren werden Löffel genannt.

jemanden loseisen
jemanden aus einer schwierigen oder peinlichen Lage befreien
Jemand ist festgefroren und muss losgeeist werden. Oder er sitzt im Fangeisen und muss befreit werden.

im Lot sein
in Ordnung sein
Mit dem Lot, dem Senkblei, prüft der Maurer nach, ob die Mauer gerade ist.

in der Luft hängen
nicht wissen, wie es weitergeht; in einer unsicheren Lage sein
Wer in der Luft hängt, hat keinen festen Boden unter den Füßen. Die Wendung ist oft finanziell gemeint.

halt die Luft an
sei ruhig
Wer die Luft anhält, kann nichts mehr sagen.

sich nicht lumpen lassen
großzügig sein
Ursprünglich war gemeint: sich nicht so verhalten, dass andere einen als Lump bezeichnen könnten.

Lunte riechen
Verdacht schöpfen, misstrauisch werden
Die Lunte ist die brennende Zündschnur.

lupenrein sein
wirklich in Ordnung sein
Edelsteine werden unter der Lupe auf ihre Reinheit hin kontrolliert.

nur Mache sein
nur vorgetäuscht sein
Mache kommt von machen: Etwas ist gemacht, unecht.

etwas in der Mache haben
dabei sein, etwas zu bearbeiten
Hier zeigt sich die Verbindung zu „machen“ deutlich.

etwas madig machen
etwas schlecht machen
Wenn Maden im Obst sitzen, ist es verdorben. Wer jemandem etwas madig macht, redet es so lange schlecht, bis der andere, bildlich gesprochen, Maden darin sieht.

Makulatur reden
Quatsch reden, Blödsinn reden
Makulatur ist falsch bedrucktes oder beschädigtes Papier – man kann es nur noch wegwerfen.

jemanden in die Mangel nehmen
jemanden unter Druck setzen, ihn ausfragen, auspressen
Wäsche wird durch die Mangel gedreht.

Manschetten haben

Angst haben

Im 18. Jahrhundert waren Manschetten bis übers Handgelenk modern. Wer sie trug, der konnte schlecht seinen Degen ziehen, war also nicht kampfbereit – ein Feigling.

sein Mäntelchen nach dem Wind hängen

immer mit der herrschenden Meinung gehen

Damit war ursprünglich ein praktisches Verhalten gemeint: Wanderer hängten sich ihren Umhang so um, dass sie gegen Wind und Regen geschützt waren.

jemandem den Marsch blasen

jemanden richtig ausschimpfen

Früher wurde beim Militär die Trompete als Signal zum Losmarschieren geblasen.

Masche

guter Trick

Die Masche im Netz, in der sich jemand verfängt, könnte dahinter stecken. Möglich ist auch die Herkunft aus dem Jiddischen, von „mezio – Lösung, Fund“.

auf der Matte bleiben
realistisch bleiben, sich nicht aufspielen
Mit der Matte ist der harte Boden der Wirklichkeit gemeint (vergleiche auch: auf dem Teppich bleiben).

Mätzchen machen
Blödsinn, Quatsch machen; herumalbern; sich sträuben
Matz kommt von Matthäus/Matthias und steht für einen kindischen Menschen.

jemandem das Maul stopfen
jemanden zum Schweigen bringen
Der lateinische Fabeldichter Phaedrus erzählt von einem Dieb, der dem Hofhund Brot anbietet, um ihn am Bellen zu hindern.

Maulaffen feilhalten
gaffen, faul herumstehen und zugucken
Kienspäne, mit denen man früher das Haus erleuchtete, steckten oft in tönernen Haltern, die einem Menschenkopf mit aufgerissenem Mund nachgebildet waren.

da beißt die Maus keinen Faden ab

das ist definitiv so

Vermutlich stammt die Redensart von dem alten Brauch her, dass ab Frühlingsanfang keine Winterarbeiten wie das Spinnen mehr verrichtet werden durften. Wer sich doch ans Spinnrad setzte, dem zerbissen nach altem Glauben die Mäuse den Faden. Möglich ist auch die Herkunft aus einer alten Fabel: Sie erzählt davon, wie eine Maus einen gefesselten Löwen befreit, indem sie den Strick durchnagt.

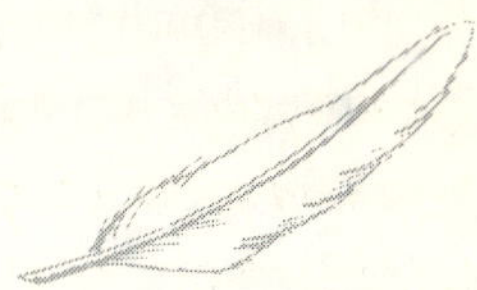

sich mausern

sich gut entwickeln

In der Mauser tauscht der Vogel sein altes Federkleid gegen ein schönes, neues aus.

sich mausig machen

frech werden, aufsässig werden

Die Jäger wissen: Wenn der Falke sein Federkleid gewechselt, also die Mauser hinter sich hat, ist er besonders jagdlustig. Die negative Bedeutung von mausig entwickelte sich erst nach und nach.

eine Milchmädchenrechnung aufmachen

eine unrealistische Schlussfolgerung ziehen, unlogisch denken

Nach einer Fabel von La Fontaine: Ein Milchmädchen überlegt, was es mit dem Erlös der Milch alles machen will. Es springt vor Freude in die Luft, der Topf fällt hin, die Milch ist vergossen und alle Pläne sind dahin.

jemanden zur Minna machen

jemanden durch Schimpfen klein machen

Viele Dienstmädchen wurden Minna (von Wilhelmine) gerufen, auch wenn sie eigentlich anders hießen. Sie wurden oft schlecht behandelt und ausgeschimpft.

hinter dem Mond sein

nicht auf dem neuesten Stand sein

Wegen seiner großen Entfernung zu Erde und seines manchmal unwirklich scheinenden Lichtes steht der Mond oft für die Wirklichkeitsferne.

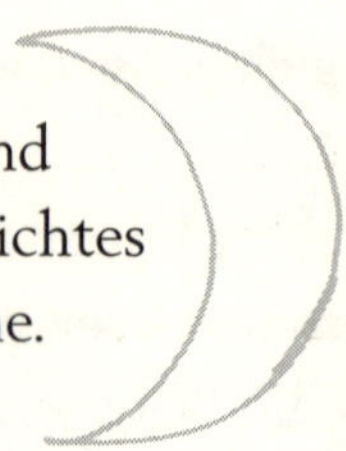

ich krieg' die Motten

ich glaub's einfach nicht

„Die Motten haben" bedeutete, Tuberkulose zu haben.

Muffensausen haben

Angst haben

Die Muffe ist das Verschlussstück am Rohrende und steht hier für den After.

jemandem ist mulmig

jemand fühlt sich sehr unsicher

„Mulm“ ist schimmeliger Staub. Mulmiges zerbröckelt.

nicht auf den Mund gefallen sein

schlagfertig sein, gut reden können

Bildlich gesprochen kann jemand, der auf den Mund gefallen ist, eben nicht sprechen.

jemanden mundtot machen

jemanden zum Schweigen bringen, ihn ausschalten

„Munt“ hieß früher „Schutz, Gewalt“, daher der Vormund. Wer mundtot gemacht wurde, war entmündigt.

auf jemanden gemünzt sein

jemanden meinen, ohne seinen Namen zu nennen

Gedenkmünzen sind auf jemanden oder etwas geprägt.

etwas mit heißer Nadel nähen (stricken)
etwas schnell und schlampig fertig stellen
Heiße Nadeln kann man nicht lange halten.

etwas an den Nagel hängen
etwas für immer aufgeben, mit etwas endgültig aufhören
Die Berufskleidung hängt nach Arbeitsende am Nagel.

sich etwas unter den Nagel reißen
etwas schnell und gewaltsam an sich nehmen, bevor ein anderer etwas dagegen tun kann
Raubtiere reißen ihre Beute mit den Krallen.

es brennt mir auf den Nägeln
ich habe es eilig damit
In den dunklen Kirchen klebten sich die Mönche Kerzen auf den Daumennagel, um besser lesen zu können. Oft waren die Kerzen vor dem Ende der Messe abgebrannt.

die Nagelprobe machen
etwas genau nachprüfen
Wenn man auf jemandes Wohl trank, drehte man an-

schließend das Glas über dem Daumennagel um. Blieb der trocken, so war das Glas wirklich geleert.

vernagelt sein
schwer von Begriff sein
Wem die Welt mit Brettern vor dem Kopf vernagelt wurde, der hat keinen Durchblick mehr.

aus dem Nähkästchen plaudern
ein Geheimnis verraten
Das Nähkästchen steht hier für den privaten oder vertraulichen Bereich, der nicht jedem zugänglich ist.

jemandem etwas auf die Nase binden
jemandem etwas erzählen, was er nicht wissen soll
Was auf die Nase gebunden wird, befindet sich direkt vor den Augen, wird also gut gesehen.

eine Nase für etwas haben
ein feines Gespür für etwas haben
Eine Nase zu haben bedeutet, eine gute Nase zu haben, also, etwas schon früh riechen zu können.

jemanden an der Nase herumführen

jemanden in die Irre führen, ihn täuschen

Tierbändiger führten einst ihre Bären an einem Nasenring herum. Die Nase ist besonders schmerzempfindlich, deshalb waren die Tiere so leichter zu lenken.

jemandem etwas unter die Nase reiben

jemandem etwas Unangenehmes triumphierend mitteilen

Was einem unter die Nase gerieben wird, entfaltet einen besonders intensiven Geruch.

von etwas die Nase voll haben

von etwas für immer genug haben

Vielleicht aus der Gaunersprache: Wer bei Prügeleien die Nase voll bekommen hatte, der wollte nicht mehr. Möglich ist aber auch die volle Nase im Sinne von verschnupft sein, verärgert sein.

nassauern

schmarotzen

Manche bringen das Wort mit Nassau in Verbindung: Nassauische Studenten hatten Stipendien, die mit Gratismahlzeiten verbunden waren. Kam einer von ihnen nicht zu Tisch, so nutzte ein anderer Student dies aus: Er nassauerte. Wahrscheinlicher ist jedoch, dass das Wort von „nassenem, nass sein“ kommt, das bedeutet in der Gaunersprache „ohne Geld sein, liederlich sein“.

jemandem ins Netz gehen

von jemandem überlistet werden

Der Fisch geht nichts ahnend ins Netz.

etwas geht mir an die Nieren

etwas geht mir sehr nahe

Die Nieren galten, wie die Leber, als Sitz des Gemüts.

etwas nach Noten tun

etwas gründlich, richtig, wie vorgegeben tun

Musik muss nach Noten gespielt oder gesungen werden, damit sie stimmt.

jemandem eins auf die Nuss geben

jemanden ohrfeigen

Hier steht die Nuss für den Kopf.

die Oberhand gewinnen

siegen

Im Ringkampf drückt der Sieger den Verlierer mit der Hand hinunter.

Oberwasser haben

triumphieren, im Vorteil sein

Oberwasser ist das Wasser, das oberhalb einer Mühle gestaut wird. Es wird auf das Mühlrad gelenkt und treibt es schneller an als das untere, abfließende Wasser.

die Ochsentour machen

den mühsamen, aber üblichen Reiseweg nehmen

Das sagt man heute von Beamten und Angestellten, die Stufe für Stufe befördert werden und auf dem Weg nach oben alle Stationen durchmachen müssen.

den Offenbarungseid leisten

zugeben, am Ende zu sein und nicht mehr weiterzuwissen

Die Wendung wird heute nicht mehr nur für finanzielle Pleiten gebraucht, sondern auch, wenn jemand zugibt, in einer Angelegenheit nicht mehr weiterzuwissen.

das ist nicht ganz ohne
da ist etwas dran
Bei der Wendung wurde das entscheidende Wort („Sinn", „Berechtigung", „Nutzen" oder Ähnliches) weggelassen.

bis über beide Ohren
nahezu völlig
Wer bis über beide Ohren in etwas steckt, steckt fast ganz darin. Man sagt: bis über beide Ohren verliebt sein.

es faustdick hinter den Ohren haben
gerissen sein, schlau sein, andere betrügen
Man vermutete, je größer die Wülste hinter den Ohren, desto verschlagener sei der Mensch.

sich aufs Ohr hauen
schlafen
Verstärkung von „sich aufs Ohr legen – schlafen".

jemanden übers Ohr hauen
jemanden betrügen
Beim Fechten meinte dies, jemanden zu schlagen.

jemandem etwas um die Ohren hauen
die Arbeit von jemandem heftig kritisieren
Der Lehrling bekam schlechte Handwerksarbeit um die Ohren gehauen.

noch feucht (nass) hinter den Ohren sein
unerfahren sein
Neugeborene sind sogar noch am ganzen Körper feucht.

jemandem die Ohren lang ziehen
jemanden ausschimpfen
Früher zog man Kinder ermahnend an den Ohren.

sich etwas hinter die Ohren schreiben
sich etwas gut merken
Wenn man Grenzen absteckte, so nahm man Jungen mit; an den Grenzpunkten zwickte man sie in die Ohren oder ohrfeigte sie, damit sie sich die Stelle gut merkten.

auf den Ohren sitzen
nichts hören
Klar – wenn man drauf sitzt, hört man nichts.

halt die Ohren steif
lass dich nicht unterkriegen, verlier nicht den Mut
Hängende Ohren zeigen bei Pferden und Hunden an, dass die Tiere niedergeschlagen sind.

Öl auf die Wogen gießen
beruhigend, besänftigend wirken
Öl, in stürmische See gegossen, wirkt glättend.

Öl ins Feuer gießen
einen Streit noch verschärfen
Man weiß ja: Öl facht einen Brand noch mehr an.

dastehen wie ein Ölgötze
starr und stumm dastehen
Martin Luther bezeichnete die mit heiligem Öl gesalbten Priester in der katholischen Messe nicht sehr freundlich als Ölgötzen.

wie die Ölsardinen
eng auf kleinstem Raum
Ölsardinen sind in der Dose eng zusammengepresst.

ein Palaver machen

viel Aufhebens um etwas machen, lange darüber reden

Ein Palaver war in Afrika eine Stammesversammlung. Das Wort haben die portugiesischen Eroberer geprägt.

jemanden auf die Palme bringen

jemanden wütend machen

Wer wütend ist, geht in die Luft vor lauter Energie.

unter dem Pantoffel stehen

von der Ehefrau unterdrückt werden

Frauen trugen im Haus Pantoffeln: Unterdrückte Männer hießen Pantoffelheld.

seine Pappenheimer kennen

wissen, mit wem man es zu tun hat; jemanden durchschauen

Aus „Wallensteins Tod" von Schiller: „Daran erkenn' ich meine Pappenheimer", sagt der Feldherr Wallenstein anerkennend zu einer Abordnung der Pappenheimer Kürassiere wegen deren besonderer Treue und Ehrlichkeit. Heute wird die Wendung eher abwertend gebraucht. Pappenheim ist übrigens ein Ort im Fränkischen.

kein Pappenstiel sein
nicht einfach sein, keine Kleinigkeit sein
Die „Pappen-“ oder „Pfaffenblume“ war ein alter Name für den Löwenzahn. Und dessen Stiel galt eben als Inbegriff des Geringen und Kleinen.

jemandem in die Parade fahren
jemanden unterbrechen, ihm einen Strich durch die Rechnung machen
Beim Fechten ist die Parade eine Abwehrhaltung. Wer jemandem in die Parade fährt, durchbricht die Deckung.

unter uns Pastorentöchtern
unter uns, im Vertrauen gesprochen
Gemeint ist: Von gleich zu gleich kann man vertraulich und offen reden. Die Wendung ist seit dem 19. Jahrhundert bekannt.

ein Pechvogel sein
kein Glück haben
Der Vogel, der sich auf die pechbestrichene Rute des Vogelstellers setzte, hatte Pech – er war gefangen.

Perlen vor die Säue werfen
jemandem etwas Wertvolles geben, das er nicht würdigt; etwas verschwenden
Die Wendung stammt aus der Bergpredigt Jesu, Matthäus 7,6: „Werft eure Perlen nicht den Säuen vor."

jemandem die Pest an den Hals wünschen
jemandem Unglück wünschen, ihn verfluchen
Früher glaubte man, dass Menschen, die mit dem Teufel im Bunde seien, anderen die Pest schicken könnten.

zwischen Pest und Cholera wählen
zwischen zwei Übeln wählen
Eine andere Wendung, die dasselbe meint: zwischen Scylla und Charybdis sein. Das waren zwei Seeungeheuer, die dem griechischen Volksglauben zufolge an einer Meerenge einander gegenüber lagen.

etwas auf der Pfanne haben
besondere Fähigkeiten haben, etwas in Reserve haben
Die Pfanne war bei alten Gewehren die Mulde für das Zündpulver, mit dem man schießen konnte.

jemanden in die Pfanne hauen
jemanden fertig machen
Hier ist die Bratpfanne gemeint.

jemandem etwas vom Pferd erzählen
jemandem etwas Unwahres erzählen
Als die Griechen Troja belagerten, gelangten sie, im Bauch eines hölzernen Pferdes versteckt, in die Stadt. Jemand erzählte den Trojanern vorher, das Pferd sei ein Geschenk.

die Pferde scheu machen
andere Leute ohne Grund aufregen, verängstigen
Pferde scheuen leicht.

aufs falsche Pferd setzen
die Entwicklung falsch einschätzen, Pech haben
Wer aufs falsche Pferd setzt, verliert seinen Wetteinsatz.

mit jemandem Pferde stehlen können
sich auf jemanden verlassen können
Pferdediebstahl wurde früher streng bestraft. Wer so

etwas Riskantes plante, musste einen geschickten und treuen Kumpel haben.

das Pferd von hinten aufzäumen
mit dem Letzten zuerst anfangen, falsch herum argumentieren
Pferde zäumt man am Kopf auf.

ich denk', mich tritt ein Pferd
ich glaube nicht, was ich da sehe
Der Pferdetritt ist eine schmerzhafte Überraschung.

man hat schon Pferde vor der Apotheke kotzen sehen
ich halte es nicht für unmöglich
Etwas Unwahrscheinliches trifft manchmal doch ein.

einen Pferdefuß haben
eine sehr schlechte, bislang verborgene Eigenschaft haben
Nach altem Glauben hatte der Teufel einen Pferdefuß.

ein teures Pflaster
eine Stadt oder Gegend, wo die Preise hoch sind
Das Pflaster steht für die Straße und damit für die Stadt.

bei dir piept's wohl?
du bist wohl verrückt?
siehe: einen Vogel haben

von der Pike auf
von klein auf, ganz von Anfang an
Die Pike, der Kampfspieß, war die Waffe für Neulinge.

wie Piksieben gucken
dämlich, verblüfft gucken
Die Piksieben hat beim Kartenspiel keinen hohen Wert. Wer sie bekommt, guckt schon mal ein bisschen dumm.

auf den Plan treten
auftreten, erscheinen
Wer auf den Kampfplatz tritt, kann dem Geschehen eine Wendung geben.

die Platte putzen
schnell verschwinden
Aus der Gaunersprache und dort vom jiddischen „p'lat – Flucht" und „puz – sich zerstreuen" herkommend.

jemanden auf die Plätze verweisen
die anderen besiegen
Bei Pferdewetten wird auf „Sieg“ und „Platz“ gewettet.

Potjemkinsches Dorf
Vortäuschung falscher Tatsachen
Fürst Potjemkin zeigte Zarin Katharina der Großen angeblich Kulissen, um reiche Dörfer vorzutäuschen.

Prügelknabe sein
anstelle des Schuldigen bestraft werden
Reiche Leute hielten sich ärmere Kinder, die anstelle der eigenen bestraft wurden.

des Pudels Kern
das, was bei einer Sache dahinter steckt
„Das also war des Pudels Kern“, sagt Goethes Faust, als der Teufel erscheint, der ihm zuvor als Pudel nachlief.

wie ein begossener Pudel dastehen
einen erbarmenswerten Anblick bieten, schuldbewusst sein
Nasse Pudel sehen mitleiderregend aus.

etwas auf den Punkt bringen

das Wichtigste an einer Sache zusammenfassen

Der Punkt ist das geometrische Gebilde mit der geringsten Ausdehnung.

einen Punkt machen

zum Ende kommen

Am Ende des Satzes steht ein Punkt.

das ist der springende Punkt

das ist das Entscheidende

Der griechische Philosoph Aristoteles nahm an, dass man in einem Vogelei, das ausgebrütet wird, das Herz des künftigen Vogels als pulsierenden Punkt erkennen kann und dass dieser der Keim des Lebens ist.

am toten Punkt sein

an dem Punkt sein, an dem es nicht mehr weitergeht; ausgelaugt, kraftlos sein

Aus der Sprache der Technik: Wenn bei einer Maschine Kurbel und Pleuel eine Gerade bilden, kann sich die Pleuelstange nicht mehr vor- oder zurückbewegen.

Quacksalber

unseriöser Heiler, Pfuscher

Von „quacken – schwatzen, angeben". Ein Quacksalber pries seine – wirkungslosen – Salben auf Märkten an.

ums Quadrat gehen

um den Häuserblock spazieren gehen

Gemeint ist der kleine Spaziergang spätabends.

die Quadratur des Kreises

das Unmögliche

Einen Kreis kann man rechnerisch nicht in ein Quadrat verwandeln.

Quark

Unsinn, Quatsch

Quark war billig – und damit ein Symbol für Wertloses.

an der Quelle sitzen

guten Zugang zum Händler haben, leicht an etwas herankommen

An der Quelle kommt man als Erster ans Wasser heran.

jemandem in die Quere kommen

jemanden bei seinen Plänen stören, ihn an etwas hindern

Wenn etwas quer im Weg liegt, muss man es erst wegräumen, bevor man weitermachen kann.

quitt mit jemandem sein

sich mit jemandem nichts mehr schuldig sein; manchmal auch: mit jemandem gebrochen haben

Von lateinisch „quietus – ruhig". Daher kommt auch die Quittung.

die Quittung für etwas bekommen

die Folgen von etwas tragen müssen

Wörtlich: die Rechnung präsentiert bekommen – bei dieser Redewendung ist oft gemeint, vom Schicksal bestraft zu werden.

auf dem Quivive sein

aufpassen

Vom französischen Wachruf „qui vive? – wer da?" abgeleitet.

Rabeneltern
schlechte Eltern
Schon seit der Antike beobachtet man, dass der Rabe seine Jungen aus dem Nest wirft: Sie sollen fliegen lernen. Können sie es noch nicht, werden sie am Boden weitergefüttert. Trotzdem hat sich die Redewendung in ihrer negativen Bedeutung gehalten.

ein Rad abhaben
verrückt sein
Dahinter steckt die Vorstellung, dass der Verstand wie eine Maschine mit vielen Rädern und Rädchen funktioniert (siehe auch: eine Schraube locker haben).

sich wie gerädert fühlen
überall Schmerzen haben, kaputt sein
Aufs Rad geflochten zu werden, war im Mittelalter eine Todesstrafe (Einzelheiten werden hier nicht geschildert).

im Rahmen bleiben
angemessen sein
Ein Bild muss in seinen Rahmen passen.

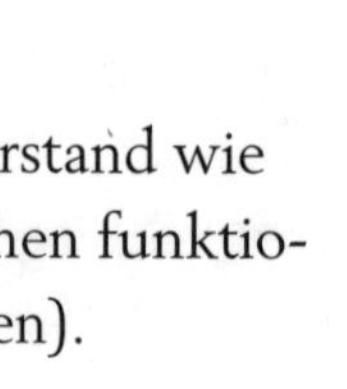

aus dem Rahmen fallen
ungewöhnlich sein, auffallen
Die Umkehrung der vorigen Redewendung.

außer Rand und Band sein
ausgelassen sein, sich nicht mehr unter Kontrolle haben
Fässer werden durch den Rand und durch Eisenbänder zusammengehalten. Lockern sie sich, so fällt das Fass auseinander.

jemandem den Rang ablaufen
besser sein als der andere, jemanden durch größeren Erfolg verdrängen
Mit Rang ist hier nicht der Platz in der Reihenfolge gemeint, sondern die Krümmung (vergleiche „einrenken"). Wer einem Läufer zuvorkommt, indem er eine Kurve abschneidet, hat ihn überholt.

mit etwas Raubbau treiben
verschwenderisch mit etwas umgehen, etwas ausbeuten
Das Wort verbindet „Raub" und „Anbau". Man sagt zum Beispiel, dass jemand mit seinen Kräften Raubbau treibt.

etwas raushaben

wissen, wie etwas geht

Die Kurzform von „den Bogen heraushaben". Mit dem Bogen kann die gespannte Waffe beim Bogenschießen gemeint sein oder aber auch der Bogen, den man beim Schlittschuhlaufen auf dem Eis fährt.

jemandem Rede und Antwort stehen

jemandem genau Auskunft geben, Rechenschaft ablegen

Ursprünglich war hier die Rede vor Gericht gemeint.

nach allen Regeln der Kunst

ganz richtig; so, wie es sein soll

Der Gesang der Meistersinger im Mittelalter folgte genauen Vorschriften. Dieses Regelwerk hieß „Tabulatur". Nur wer sich danach richtete, war anerkannt.

vom Regen in die Traufe kommen

statt eines bisherigen Problems ein noch größeres haben

Wer bei Regen unter der Traufe Schutz sucht, durch die das Wasser aus der Dachrinne abläuft, dem ergeht es schlecht: Er wird erst recht nass.

reinhauen
viel und hastig essen
„Hau rein!“, sagt man zu jemandem, der sehr hungrig ist. Und der haut Löffel oder Gabel gierig ins Essen.

aus dem Rennen sein
keine Chancen mehr haben
Pferde scheiden beim Rennen aus.

jemandem den Rest geben
jemanden endgültig fertig machen
Der Rest ist das, was noch zum Unglück gefehlt hat.

mit etwas richtig liegen
Recht haben
Vermutlich aus der Seemannssprache: Wenn ein Schiff richtig liegt, fährt es den richtigen Kurs.

etwas nicht riechen können
etwas nicht ahnen oder vorher wissen können
Etwas vorhersagen kann die Nase nicht. Mit der Wendung wehrt man sich gegen übertriebene Erwartungen.

jemanden nicht riechen können
jemanden nicht leiden können
Nicht nur die Augen, auch die Nase entscheidet über Sympathie und Antipathie mit. Unbewusst wahrgenommene Duftstoffe machen uns jemanden (un-)angenehm.

sich am Riemen reißen
sich anstrengen, Mut und Kraft sammeln und weitermachen
Wer seinen Gürtel zurechtrückt, zeigt Entschlossenheit. An Westernhelden lässt sich das beobachten.

sich etwas nicht aus den Rippen schneiden können
nicht wissen, wo man etwas hernehmen soll
Laut Bibel schuf Gott Eva aus Adams Rippe.

sich etwas nicht durch die Rippen schwitzen können
etwas nicht so leicht loswerden können
Meist sagt man das von körperlichen Bedürfnissen.

einen Rochus auf jemanden haben
wütend auf jemanden sein
Von jiddisch „rochus, rauches – Ärger“.

in die Röhre gucken
das Nachsehen haben, im Nachteil sein, zu spät kommen
Der Jagdhund guckt in die Röhre des Dachsbaus, kriegt das Tier aber nicht zu fassen.

wie ein Rohrspatz schimpfen
hektisch und lange schimpfen
Der Drosselrohrsänger heißt im Volksmund Rohrspatz.

aus der Rolle fallen
sich schlecht benehmen
Schauspieler erhielten ihre Texte auf Papierrollen und sollten sich natürlich möglichst an die Texte halten.

von der Rolle sein
verwirrt sein, erschöpft und durcheinander sein
Aus dem Sport: Beim Steherrennen fährt der Radfahrer im Windschatten eines Motorrads, im Millimeterabstand zu diesem. Eine Rolle, die hinten am Motorrad befestigt ist, hindert den Radfahrer am Umfallen. Ist der Radfahrer von der Rolle, so hat er den Anschluss an das Motorrad und damit die Sogkraft des Windschattens verloren.

auf Rosen gebettet sein
es leicht haben, im Luxus leben
Im alten Rom schliefen Reiche tatsächlich zuweilen auf rosengefüllten Matratzen.

auf dem hohen Ross sitzen
eingebildet, arrogant sein
Der Adel ritt auf Pferden, einfache Leute nur auf Eseln oder sie gingen zu Fuß.

Ross und Reiter nennen
alle Verantwortlichen nennen, klare Angaben machen
Bei Turnieren wurden Ross und Reiter ausgerufen. Die Ritter waren ja in den Rüstungen meist unkenntlich.

rot sehen
sehr wütend sein, die Kontrolle verlieren
Wenn der Stier rot sieht, greift er an.

einen breiten Rücken haben
viel aushalten, viele Vorwürfe aushalten
Auf einem breiten Rücken haben viele Schläge Platz.

jemandem in den Rücken fallen
jemanden verraten, hintergehen
Von hinten ist der Mensch besonders angreifbar.

jemandem den Rücken freihalten
jemanden vor etwas schützen, indem man es für ihn erledigt
Man sagt bei Paaren, dass der, der den Haushalt macht, dem anderen für die Karriere den Rücken freihält.

ans Ruder kommen
die Leitung übernehmen
Wer das Steuerruder hält, bestimmt den Kurs.

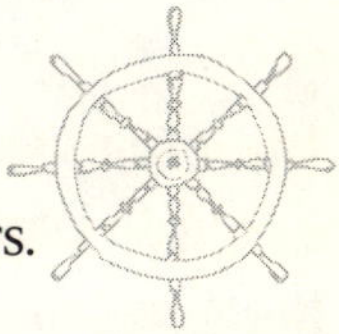

aus dem Ruder laufen
außer Kontrolle geraten
Das Boot schlingert herum und hält den Kurs nicht mehr. Genauso können Projekte oder Verhandlungen aus dem Ruder laufen.

das Ruder herumwerfen
einen ganz anderen Kurs einschlagen, die Richtung ändern
Auch hier steht das Steuerruder des Bootes dahinter.

in Sack und Asche gehen
büßen
Im Alten Testament kleideten Büßende sich in Sackleinen und streuten sich Asche aufs Haupt.

in den Sack hauen
aufgeben, abhauen
Früher reiste man oft mit Sack oder Bündel. Da hinein warf man bei überstürzten Aufbrüchen seine Habe.

jemanden in den Sack stecken
jemandem überlegen sein
Bei Ringkämpfen steckte der Sieger den Schwächeren oft in einen Sack, zum Vergnügen der Zuschauer.

andere Saiten aufziehen
einen anderen Ton anschlagen, sich anders verhalten
Beim Instrument ergeben andere Saiten andere Klänge.

Salamitaktik betreiben
Schritt für Schritt in winzigen Etappen vorgehen
Von einer Salami schneidet man dünne Scheiben ab. Da

merken andere nicht gleich, wie weit die Wurst schon angeschnitten ist.

zur Salzsäule erstarren
vor Schreck erstarren
In 1. Mose 19,26 wird erzählt, wie Lots Weib sich nach gelungener Flucht aus Sodom noch einmal nach der Stadt umdreht und dann zur Salzsäule erstarrt.

jemandem Sand in die Augen streuen
jemanden täuschen, ihn falsch informieren
Beim Fechten oder Ringen streute man früher dem Gegner heimlich Sand oder Staub ins Gesicht.

fest im Sattel sitzen
in seiner Stellung unangreifbar sein
Aus der Welt der Ritterturniere. Der Pferdesattel steht heute für die berufliche oder gesellschaftliche Position.

sattelfest sein
etwas gut beherrschen
Hier ist mehr das eingeübte Können gemeint.

draufsatteln
noch etwas dazutun
Jemand bekommt zusätzlich eine Last aufgeladen.

umsatteln
den Beruf wechseln
Ein anderer Sattel bedeutet ein anderes Pferd.

die Sau rauslassen
sich ganz ungehemmt und unanständig benehmen
Das Schwein, die Sau, steht in vielen Redewendungen für die animalische, triebhafte Seite des Menschen.

sauer sein
ärgerlich sein
Sauer als Gegensatz von süß bedeutet Unangenehmes.

jemandem einen Schabernack spielen
jemandem einen Streich spielen
Bei den Germanen galt ein rasierter, also „geschabter" Nacken als Zeichen der Ehrlosigkeit. Heute ist ein Schabernack etwas Harmloses.

jemanden in Schach halten
jemanden daran hindern, anzugreifen; ihn bedrängen
Wer beim Schach bedrängt wird, kann nicht angreifen.

schachmatt sein
am Ende sein, keine Kraft mehr haben
„Schah mat" heißt auf Arabisch: Der König ist gestorben.

seine Schäfchen ins Trockene bringen
rechtzeitig seinen Vorteil sichern
Von niederdeutsch „schepken – Schiffchen". Oder aber aus der Landwirtschaft, womit wirklich Schafe gemeint wären: Die dürfen nicht auf feuchten Weiden stehen.

auf etwas scharf sein
nach etwas sehr gierig sein
Vermutlich vom scharfen Jagdhund abgeleitet.

eine Scharte auswetzen
einen Fehler wieder gutmachen
Sensen und Sicheln bekamen durch Feldsteine oft Macken oder Scharten und mussten glatt gewetzt werden.

um jemanden herumscharwenzeln
sich bei jemandem einschmeicheln, eifrig um ihn rumlaufen
Vom italienischen „servente – Diener", eventuell aber auch von „Schar" und „Wenzel", einem häufigen Namen der Landarbeiter, die aus Böhmen kamen.

über den eigenen Schatten springen
sich überwinden
Der Schatten gilt als Symbol für die Persönlichkeit. In Wahrheit kann niemand seinen eigenen Schatten überspringen – weshalb dieser unmögliche Sprung zum Inbegriff der Selbstüberwindung geworden ist.

sich scheckig lachen
heftig lachen
Wer heftig lacht, dem steigt oft das Blut zu Kopf: Die Wangen färben sich fleckig.

jemanden über den Schellenkönig loben
jemanden über alle Maßen loben
Der Schellenkönig ist der König in der Farbe Schell und in manchen Kartenspielen eine wichtige Karte.

Scherereien bekommen

Ärger bekommen

Jemanden zu scheren wie ein Schaf, das wird als Bild für den rüden Umgang mit einem Menschen gebraucht.

ungeschoren bleiben

in Ruhe gelassen werden, noch einmal Glück haben

siehe vorige Wendung

Scheuklappen haben oder tragen

ein begrenztes Blickfeld haben, etwas nicht sehen wollen

Mit Scheuklappen schirmt man bei empfindlichen Pferden das Blickfeld rechts und links ab.

Schicht machen

etwas entschlossen beenden

Die Schicht ist die Arbeitszeit.

Schicht im Schacht

Schluss aus

Gemeint ist der Schacht im Bergwerk. Die Wendung klingt durch die gleichen Anfangsbuchstaben gut.

jemanden auf den Schild heben
jemanden zum Anführer und Sprecher machen
Wer Asterix liest, weiß: Die Gallier hoben ihre Häuptlinge auf Schilde, um ihre Macht zu demonstrieren.

etwas im Schilde führen
etwas Heimliches vorhaben
Bei Turnieren trugen die Ritter auf ihren Schilden Wappen oder Zeichen, die nicht für alle verständlich waren.

keinen Schimmer haben
keine Ahnung haben
Der Schimmer ist abgeleitet vom Licht der Erkenntnis, das hier gänzlich fehlt (siehe: Ihm geht ein Licht auf).

sich schinden
schwer arbeiten, sich quälen
Der Schinder war der Abdecker.

Eindruck schinden
sich verkrampft um einen guten Eindruck bemühen
Das Schinden steht fürs Auspressen, Herausziehen.

Zeit schinden
durch Verzögerungstaktik Zeit gewinnen, Aufschub erlangen
siehe vorige Redewendung

etwas herausschinden
durch Sparsamkeit einen Gewinn erzielen
siehe vorvorige Redewendung

mit jemandem Schindluder treiben
jemanden schlecht behandeln
Das Schindluder war das kranke oder gefallene Vieh, das zum Abdecker kam. Eigentlich bedeutete die Wendung daher, jemanden so schlecht behandeln wie dieses Vieh.

jemanden auf die Schippe nehmen

jemanden verulken
Vermutlich steht die Kehrschaufel dahinter.

jemanden beim Schlafittchen packen
jemanden packen und zur Rechenschaft ziehen
Das Schlafittchen war der Rockzipfel, der Rockschoß, abgeleitet von „Schlagfittich – Schwungfeder“. Man

nannte den Rockschoß so, weil er besagten Federn des Vogels ähnelte (vgl. auch Schlips).

ein Schlag ins Wasser sein
vergeblich, wirkungslos sein
Ins Wasser zu schlagen bringt gar nichts.

jemandem auf die Schliche kommen
jemanden durchschauen, seine wahre Absicht erkennen
Der Jäger kennt die Schleichwege des Wildes.

jemandem auf den Schlips treten
jemandem zu nahe treten, ihn beleidigen
Gemeint ist nicht die Krawatte, sondern der Rockschoß.

Schmiere stehen
bei etwas Unerlaubtem Wache stehen
Aus dem Hebräischen/Jiddischen: „schemirah – Wache“.

jemanden schmieren
jemanden bestechen
Mit Geld „geölt“ funktioniert vieles besser.

jemandem eine schmieren

jemanden ohrfeigen

Die Ohrfeige wird mit schmierender Bewegung verteilt.

etwas geht wie geschmiert

etwas geht reibungslos

Eine gut geölte Maschine läuft ohne Stocken.

etwas frei nach Schnauze tun

etwas ohne Vorlage, nach eigenem Gutdünken tun

Die Schnauze steht hier für das ganze Gesicht, also für die eigene Sicht, die eigene Einschätzung, der man folgt.

sich freuen wie ein Schneekönig

sich überschwänglich freuen

Der Zaun- oder Schneekönig pfeift auch bei Kälte.

jemandem den Schneid abkaufen

jemanden entmutigen, einschüchtern

Schneid ist ein anderes Wort für Mut. Wer früher der stärkste junge Mann im Dorf war, trug eine Hahnenfeder, die so genannte Schneidfeder, am Hut.

jemandem ein Schnippchen schlagen

jemanden überrumpeln, ihm zuvorkommen

Mit den Fingern in Richtung eines anderen zu schnippen, ist eine verächtliche Geste.

seinen Schnitt machen

Gewinn machen

Aus der Landwirtschaft: Das Getreide wird geschnitten.

einen Schnitzer machen

einen Fehler machen

Beim Schnitzen verdirbt ein falscher Schnitt das Holz.

schnuppe sein

egal sein

Die Schnuppe ist das verkohlte Ende eines Dochtes.

wie am Schnürchen klappen (gehen, laufen)

problemlos klappen (gehen, laufen)

Die Wendung kommt vom Rosenkranzbeten, vom Marionettenspiel oder vom Weben und Spinnen her.

etwas in den Schornstein schreiben

etwas als verloren aufgeben

Was man an die Innenseite eines Kamins oder Schornstein schreibt, macht bald der Ruß unleserlich.

die Schotten dicht machen

etwas beenden, mit der Arbeit aufhören

Schotten sind die Riegel- und Schiebetüren im stählernen Rumpf eines Schiffes.

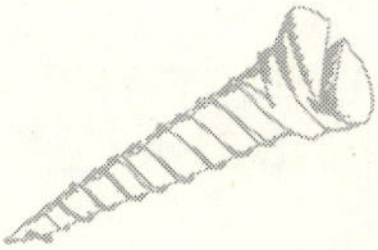

eine Schraube locker haben

etwas verrückt sein

Das Gehirn wird als Maschine beschrieben (siehe auch: ein Rad abhaben).

jemandem die kalte Schulter zeigen

jemanden abweisend behandeln, ihn extra nicht beachten

Mit Kälte ist hier die Gefühlskälte gemeint.

jemandem fällt es wie Schuppen von den Augen

jemand hat endlich etwas erkannt oder begriffen

Saulus verfolgte die Christen, bis ihm Gott erschien und

ihn blind machte. Als er sich bekehrte, konnte er wieder sehen: „Sofort fiel es wie Schuppen von seinen Augen … und er ließ sich taufen“ (Apostelgeschichte 9,18). Er nannte sich Paulus und wurde der bekannteste Apostel.

schwach auf der Brust sein
leicht kränkeln, schwach sein, aber auch: wenig Geld haben
Die Brust steht für die Atmungsorgane, aber auch für den Brustbeutel, in dem sich das Geld befindet.

Schwamm drüber
vergessen wir's
Was mit dem Schwamm ausgelöscht wird, ist weg.

ins Schwarze treffen
Recht haben, das Richtige treffen
Bei einer Zielscheibe ist die Mitte, in die man möglichst treffen muss, schwarz.

Schwein haben
Glück haben
Das Schwein gilt als Glückstier.

das kann kein Schwein lesen

das kann wirklich niemand lesen

Die Wendung „kein Schwein“ steht seit dem 19. Jahrhundert für „niemand“. Ins 17. Jahrhundert geht die Erklärung zurück, wonach in Schleswig eine Familie namens Swyn (Schwein) lebte. Ihre Mitglieder konnten lesen und schreiben, weshalb die Bauern mit allen Urkunden zu ihnen kamen. Doch manchmal war etwas so unleserlich, dass selbst die Swyns passen mussten.

die Segel streichen

aufgeben

Wenn früher ein Kriegsschiff die Segel einholte, war das ein Zeichen der Kapitulation.

in den Seilen hängen

schlapp, ohne Antrieb sein

Wenn die Segel schlaff hängen, macht das Schiff keine Fahrt. Möglich ist auch die Herkunft von den Sielen: So hießen in Norddeutschland die Arbeitsgeschirre für Pferde und Ochsen. Dann würde „in den Seilen hängen“ bedeuten: vor Arbeit ganz entkräftet sein.

etwas auf die Seite schaffen
heimlich etwas entwenden
Was man neben sich trägt, auf der Seite, ist für andere leicht zu übersehen.

jemanden von der Seite her anreden
jemanden unhöflich anreden
Höflich ist es, jemanden von vorn anzusprechen, weil man ihn dann zuerst anblickt, bevor man ihn anredet.

eine Sisyphusarbeit verrichten
eine end- und nutzlose Arbeit tun müssen
Sisyphus ist ein König aus der griechischen Sagenwelt. Zu Strafe für seine Frevel muss er einen schweren Felsbrocken einen Berg hinaufrollen. Kurz bevor er ihn oben hat, fällt der Brocken wieder in die Tiefe und die Arbeit beginnt von neuem – in endloser Wiederholung.

sich auf die Socken machen
losgehen
Socken waren ursprünglich niedrige, leichte Schuhe. Wer losgehen will, muss seine Schuhe anziehen.

von den Socken sein

völlig verwundert, fassungslos sein

Ähnlich wie „aus den Latschen kippen“: Beides meint, dass jemand fast ohnmächtig wird und hinfällt.

keine Sonne sehen

keine Chance auf Erfolg haben

Die Sonne ist Symbol von Glück und Wohlergehen.

das kommt mir spanisch vor

das kommt mir merkwürdig vor

Als Karl V. (1500–1556) Kaiser wurde, kamen, weil er gebürtiger Spanier war, viele Sitten und Moden aus Spanien nach Deutschland. Hier wirkten sie zunächst oft fremd auf die Menschen.

Spießrutenlaufen

unangenehme Aufmerksamkeit auf sich ziehen, vor vielen Leuten etwas Peinliches tun müssen

Bei den Römern, aber auch später in Deutschland wurde beim Militär der Verurteilte durch zwei Reihen von Soldaten mit Spießen oder Ruten getrieben.

die Spreu vom Weizen trennen
zwischen Nutzlosem und Wertvollem unterscheiden
Nach dem Dreschen wurden aus dem Getreide Sand, kleine Steine und Halme durch Hochwerfen entfernt.

jemandem auf die Sprünge helfen
jemandem helfen, dass ihm das Richtige einfällt
Der Hund hilft dem Jäger auf die Sprünge des Wildes.

über jemandem den Stab brechen
jemanden verurteilen, harte Kritik an ihm üben
Bei Todesurteilen wurde ein Stab über dem Verurteilten zerbrochen.

wider den Stachel löcken
starrköpfig sein, ständig aufbegehren und widersprechen
„Löcken" kommt von „lecken – mit den Füßen ausschlagen". Der Stachel war ein Stock zum Viehtreiben.

aus dem Stegreif
spontan, ohne Vorbereitung
„Stegreif" ist ein altes Wort für Steigbügel. Also tut je-

mand etwas noch während des Reitens, ohne vom Pferd abzusteigen.

bei jemandem einen Stein im Brett haben
bei jemandem sehr beliebt sein
Wer beim Puffspiel (einem Brettspiel) seinen Stein neben den eines Verbündeten setzt, hat dessen Schutz.

jemanden im Stich lassen
nicht zu jemandem halten, ihm nicht helfen
Bei mittelalterlichen Wettkämpfen wurde jemand zuweilen schutzlos den Stichen des Gegners überlassen.

Stielaugen machen
neugierig oder erstaunt starren
Wenn jemand richtig starrt, sieht es aus, als wüchsen ihm die Augen an Stielen aus dem Kopf heraus. Manche Tiere, etwa Schnecken, haben Augen auf Stielen.

etwas stinkt
etwas ist nicht ganz in Ordnung, es ist verdächtig
Wenn eine Sache stinkt, ist etwas faul daran.

die Stirn haben, etwas zu tun
so frech und unverfroren sein, etwas zu tun
Die Stirn ist Sinnbild für den Willen, für die Energie.

über die Stränge schlagen
ausgelassen sein
Übermütige Pferde schlagen über die Stränge des Geschirrs aus, in das sie gespannt sind.

etwas geht jemandem gegen den Strich
jemand ist mit etwas nicht einverstanden
Bürstet man Fell gegen die Wuchsrichtung, so kann das unangenehm sein.

etwas nach Strich und Faden tun
etwas komplett und ganz genau tun
Webstoffe mussten „nach Strich und Faden“ (die sich kreuzenden Fadenrichtungen) in Ordnung sein.

jemandem einen Strick aus etwas drehen
jemandes Worte oder Taten gegen ihn verwenden
Gemeint ist ursprünglich der Galgenstrick.

in die Strümpfe kommen
endlich anfangen
Strümpfe sind hier als Socken, also als leichte Schuhe zu verstehen (siehe: sich auf die Socken machen).

jemandem den Stuhl vor die Tür setzen
jemandem kündigen, ihn hinauswerfen
Der Stuhl gilt als Symbol für Rechte, die man besitzt.

die Suppe auslöffeln, die man sich eingebrockt hat
die Folgen des eigenen Tuns tragen müssen
Früher brockte man Brot in die Suppe.

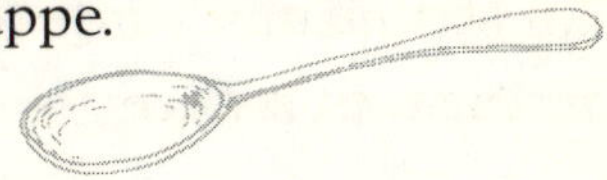

Süßholz raspeln
schmeichelnde Worte sagen, süßlich reden
Die Süßholzwurzel schmeckt aromatisch, man kaute sie und stellte daraus auch Arzneien und Süßigkeiten her.

eine Szene machen
jemandem vor anderen Leuten heftige Vorwürfe machen
Wer sich in der Öffentlichkeit übertrieben aufregt, benimmt sich wie auf einer Bühne.

jemandem etwas auf dem silbernen Tablett servieren
jemandem etwas möglichst verlockend anbieten
Visitenkarten, Getränke und Speisen wurden früher bei vornehmen Leuten auf edlen Tabletts präsentiert.

Tacheles reden
offen die Meinung sagen; deutlich sagen, was Sache ist
Vom jiddischen „tacheles – Ziel, Zweck".

die Tafel aufheben
die Mahlzeit beenden
Im Mittelalter wurde an Tafeln gegessen, die extra zum Essen auf Gestelle gelegt wurden.

die Nacht zum Tage machen
nachts so aktiv sein wie am Tage, durchmachen
Die Wendung ist ganz wörtlich zu verstehen.

ein paar Takte miteinander reden
unmissverständlich miteinander reden, um etwas zu klären
Die Takte stehen hier nicht nur als Zeiteinheit, sondern auch als Sinnbild für energisches Reden.

etwas aufs Tapet bringen
etwas zur Sprache bringen
Das Tapet kommt vom lateinischen „tapes – Teppich" und war früher nicht nur die Wandbespannung, sondern auch der (grüne) Bezug auf Sitzungstischen.

tief in die Tasche greifen
viel ausgeben, einen hohen Preis bezahlen
Die Tasche steht hier stellvertretend für das Geld darin.

jemanden in die Tasche stecken
jemanden übertreffen
siehe: jemanden in den Sack stecken

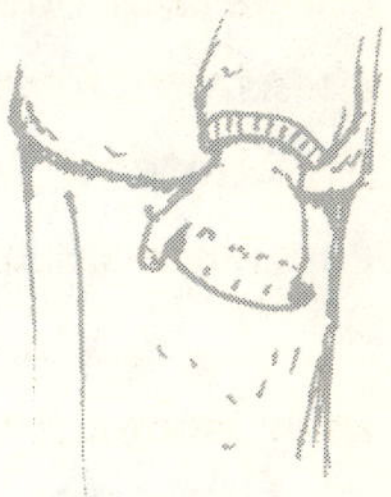

die Hände in die Tasche stecken
untätig bleiben und zuschauen
Wer die Hände in die Hosentaschen steckt, zeigt damit, dass er nicht eingreifen oder sich beteiligen wird.

nicht alle Tassen im Schrank haben
nicht ganz richtig im Kopf sein
Der Kopf wird als Schrank mit Inhalt beschrieben.

einen im Tee haben
betrunken sein
Tee wird gern mit einem Schuss Rum „angereichert“. Das sieht man nicht, man merkt es aber hinterher.

auf dem Teppich bleiben
nicht übertreiben, realistisch bleiben
Wer „abhebt“, sieht die Wirklichkeit nicht so, wie sie ist.

etwas unter den Teppich kehren
etwas verschweigen, vertuschen, verdrängen
Was unterm Teppich liegt, sieht niemand, obwohl es ganz nah ist – alle laufen darauf herum.

zum Teufel
ein Fluch
Die meisten Redewendungen, die vom Teufel handeln, sind Verwünschungen („Scher dich zum Teufel“).

der Teufel ist ein Eichhörnchen
manchmal ist das Harmlose unerwartet schwierig
Der Sage nach hielt der Teufel in Gestalt eines Eich-

hörnchens einen Jäger zum Narren, so dass dieser den Kirchgang versäumte.

in Teufels Küche kommen
massive Probleme bekommen
Des Teufels Küche ist eigentlich die Hölle, wo nach mittelalterlicher Vorstellung die Sünder gebraten werden.

den Teufel an die Wand malen
sehr pessimistisch sein
Im Mittelalter glaubte man, den Teufel durch Worte und Bilder herbeizaubern zu können.

etwas am grünen Tisch entscheiden
etwas ohne Sachkenntnis entscheiden
Der grüne Tisch ist der Sitzungstisch. Was hier entschieden wird, besteht manchmal den Praxistest nicht.

etwas unter den Tisch fallen lassen
etwas nicht berücksichtigen
Krümel, die unter den Tisch fallen, bleiben unbeachtet.

auf den Tisch hauen
laut und energisch werden, um sich durchzusetzen
Der Tisch steht für die Kommunikation: Man „setzt sich zusammen an einen Tisch“ und bespricht etwas.

reinen Tisch machen
alles klären, sich aussprechen, Ordnung schaffen
Ursprünglich war wohl nicht der Tisch gemeint, sondern die Tafel: Im Lateinischen heißt es nämlich „Tabula rasa“ machen – und das bezieht sich auf die Schreibtafel, die man sauber wischt.

jemanden über den Tisch ziehen
jemanden übervorteilen
Wer beim Fingerhakeln stärker ist, dem gelingt es, den anderen zu sich her zu ziehen.

Tomaten auf den Augen haben
blind durch die Gegend laufen
Manche führen die Redewendung auf ein spanisches Fest zurück, bei dem mit Tomaten geworfen wird.

eine treulose Tomate
ein Mensch, der einen anderen schnell vergisst
Seit dem Ersten Weltkrieg sah man die Italiener als unzuverlässige Bündnispartner an.

Torschlusspanik haben
hektisch sein, weil das Ende einer Frist naht
Nicht der Fußball steht hinter dieser Redensart, sondern die Stadttore, die abends pünktlich schlossen. Heute spricht man von Torschlusspanik vor allem bei Menschen, die unbedingt jemanden zum Heiraten suchen.

jemanden auf Trab halten
jemanden ständig beschäftigen; dafür sorgen, dass er nicht zur Ruhe kommt
Pferde sind Arbeitstiere, sie müssen traben.

in trockenen Tüchern sein
beschlossen und abgesichert sein
Wenn ein Kind geboren ist, wird es in Tücher gehüllt, damit ist der Geburtsvorgang abgeschlossen.

Tuchfühlung halten, auf Tuchfühlung sein
so nah sein, dass man alles mitbekommt
Strammstehend berühren Soldaten einander am Ärmel.

mit der Tür ins Haus fallen
unvermittelt, ohne Vorbereitung eine Neuigkeit erzählen
Dahinter steht das Bild, dass jemand so plump in ein Haus eindringt, dass er die Tür aus den Angeln reißt.

zwischen Tür und Angel
in Eile, ohne Sorgfalt, mal eben so
Zwischen Tür und Angel kann man sich nur klemmen.

einander die Türklinke in die Hand geben
zu einer großen Menge von Besuchern gehören
Der eine kommt, der andere geht, und dabei reicht man sich die Klinke weiter.

von Tuten und Blasen keine Ahnung haben
von nichts eine Ahnung haben, nichts wissen oder können
Tuten und Blasen war die Tätigkeit des Nachtwächters. Wer selbst davon keine Ahnung hatte, war dumm.

das rettende Ufer erreichen

in letzter Minute in Sicherheit kommen

Das Wasser steht für die Gefahr (der reißende Fluss) und das Land für den sicheren Boden.

die Uhr ist abgelaufen

die Zeit für jemanden oder für etwas ist herum

Dahinter steckt die Vorstellung, dass jeder Mensch eine ihm von Gott oder vom Schicksal zugemessene Lebenszeit zur Verfügung hat.

wissen, was die Uhr geschlagen hat

Bescheid wissen

Wer, bildlich gesprochen, die Uhrzeit kennt, der weiß auch sonst Bescheid. Man gebraucht die Wendung vor allem für ernste Dinge.

etwas ist usus

etwas ist gebräuchlich, üblich

Vom lateinischen „usus – Brauch“.

wie die Vandalen

zerstörerisch, roh, barbarisch

Das ostgermanische Volk der Vandalen zog im 4. und 5. Jahrhundert durch Westeuropa nach Nordafrika und eroberte von dort aus Rom. Weil es dort gewütet haben soll, wurde später die Redewendung geprägt.

jemanden veräppeln

sich über jemanden lustig machen

Die Redewendung könnte aus dem Jiddischen kommen. Hier heißt „eppel" nämlich „nichts". Jemanden zu veräppeln bedeutete also zuerst, ihn zunichte zu machen.

sich in etwas verbeißen

hartnäckig an etwas festhalten, nicht loslassen können

Wenn Jagdhunde sich in das Wild verbeißen, verkrampfen sich ihre Kiefermuskeln. Der Jäger muss ihnen die Beute aus dem Maul nehmen.

etwas verbraten

etwas verschwenden

Was gebraten wird, wird gegessen – und ist dann weg.

jemanden zu etwas verdonnern

jemanden zu einer Strafe verurteilen

Meist ist das mit lauten Worten verbunden, daher die Redewendung.

verduften

verschwinden

Wer sich entfernt, dessen Duftspur verliert sich.

sich verfranzen

sich verirren

Der Pilot hieß Emil, der Navigator Franz (Fliegersprache). Wenn dieser falsche Hinweise gab, verfranzte man sich.

sich verknallen

sich verlieben

Wenn die Liebe einschlägt, kann es schon mal einen seelischen Knall geben.

jemandem etwas vermasseln

jemandem etwas verderben, kaputt machen

Darin steckt das jiddische „masel – Glück“.

etwas verputzen

etwas verzehren

Wenn ein Teller leer gegessen ist, so ist er blank geputzt.

in jemanden verschossen sein

in jemanden sehr verliebt sein

Liebesgott Amor hat seinen Pfeil abgeschossen – und getroffen.

verschütt gehen

verloren gehen, verschwinden

Das Wort kommt vom mittelhochdeutschen „schutten – einschließen".

jemanden ins Visier nehmen

jemanden ins Blickfeld nehmen

Bei Turnieren sahen die Kämpfer in ihren Rüstungen einander durchs Visier, wie das Helmgitter heißt.

mit offenem Visier kämpfen

in der Auseinandersetzung deutliche Worte gebrauchen

Wer das Helmgitter hochklappt, der zeigt sein Gesicht –

und lässt damit deutlich erkennen, was er für eine Meinung hat.

den Vogel abschießen
die beste Leistung bringen, den besten Spruch machen
Wer bei den Schützenfesten den Adler herunterschießt, ist König.

einen Vogel haben
etwas verrückt sein
Im Volksglauben sind Tiere wie Vögel oder auch Grillen oft Symbol für Krankheitsdämonen, die von einem Menschen Besitz ergriffen haben.

etwas auf Vordermann bringen
etwas wieder herrichten, es wieder ordentlich und sauber machen
Beim Militär müssen sich die Soldaten immer am Vordermann ausrichten, damit alle ordentlich in Reih und Glied stehen.

gegen eine Wand reden

vom anderen bewusst ignoriert werden, während man redet; mit den Worten nicht durchdringen

Wände haben eben doch – anders, als ein Sprichwort behauptet – keine Ohren.

die Wand mitnehmen

sich die Kleidung mit Kalk oder Putz staubig machen

Der Witz dieser Wendung liegt in der Übertreibung. Wer mit dem Ärmel ein bisschen Staub herunterreibt, lässt ja trotzdem die Wand noch stehen.

etwas, das sich gewaschen hat

etwas, das sehr intensiv ist

Man sagt beispielsweise von einer Ohrfeige, dass sie sich gewaschen hat. Die Wäsche, das Saubersein steht oft für die Intensität einer Sache.

schmutzige Wäsche waschen

sich über die Fehler anderer austauschen

Die Wäsche steht für das Persönliche, Intime, und der Schmutz für das Schlechte. Schmutzige Wäsche geht keinen fremden Menschen etwas an. Wer sich dafür interessiert, gibt selbst kein gutes Bild ab.

jemandem das Wasser abgraben
jemandem schaden, ihn im Beruf verdrängen, ihm die Grundlagen entziehen
Wenn die Wasserversorgung eines Ackers oder einer Mühle umgeleitet wird, bedeutet das den Ruin.

ins Wasser fallen
ausfallen, nicht stattfinden
Das Wasser ist hier Sinnbild für Verlust und Misslingen.

sich über Wasser halten
finanziell nicht untergehen
Wer es schafft, den Kopf über Wasser zu halten, entgeht dem Tod durch Ertrinken.

nah am Wasser gebaut haben
schnell weinen, rührselig sein
Wenn ein Haus nah am Wasser gebaut ist, steht es schnell unter Wasser.

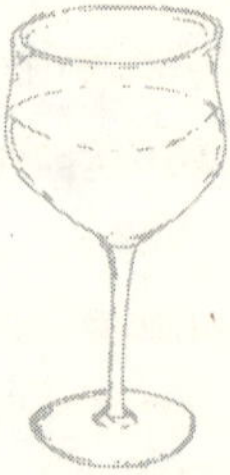

Wasser in den Wein gießen
die Begeisterung dämpfen, die Freude verderben
Wein, mit Wasser verdünnt, berauscht weniger.

Wasser auf jemandes Mühle sein
eine Bestätigung für jemandes Meinung sein
Ohne Wasser setzt sich das Mühlrad nicht in Bewegung.

einem anderen nicht das Wasser reichen können
auf einem Gebiet schlechter sein als der andere
Im Mittelalter reichten die Pagen den bei Tisch sitzenden Edelleuten Wasser zum Händewaschen. Wer in der Rangfolge tief unten stand, durfte nicht einmal das tun.

Blut und Wasser schwitzen
große Angst haben
In Lk 22,44 heißt es von der Verhaftung Jesu: „Und sein Schweiß war wie Blut, das auf die Erde tropfte." Manche Wissenschaftler halten das Blutschwitzen für möglich: Bei großem Stress dehnen sich kleinste Blutgefäße in der Haut und werden durchlässig: Es tritt Blut ins Gewebe aus und kann mit dem Schweiß nach außen dringen.

ins kalte Wasser springen
mutig etwas Neues wagen
Wer es schon getan hat, weiß: Man braucht Überwindung dafür.

kein Wässerchen trüben
ganz unschuldig dreinschauen
Was sauber ist, kann auch Wasser nicht trübe machen.

mit allen Wassern gewaschen sein
sehr viel Erfahrung haben und deshalb alle Tricks kennen
Wer mit allen Wassern gewaschen ist, ist schon weit herumgekommen und hat deshalb viel Erfahrung.

ein Sturm im Wasserglas
viel Aufregung um nichts
Anders als im Meer kann ein Sturm im Wasserglas nur sehr klein sein.

jemandem den Weg ebnen
jemandem vorab bei seinem Vorhaben helfen
Der Weg ist ein beliebtes Symbol für Pläne und Projekte.

sich selbst im Weg stehen
sich selbst an etwas hindern
Man spricht so von Menschen, die trotz Talents immer wieder an sich selbst scheitern.

jemandem nicht über den Weg trauen
jemandem nicht vertrauen
Zwei Erklärungen sind möglich: Man vertraut jemandem nur so weit, wie der Weg reicht, also wie man ihn sieht. Oder man misstraut jemandem so, dass man nicht einmal den Weg betritt, auf dem er geht.

jemandem reinen Wein einschenken
jemandem die ganze Wahrheit sagen
Bei reinem Wein ist nichts anderes darunter gemischt.

jemandem etwas weismachen
jemandem etwas für wahr einreden
„Weis" kommt von „weise, wissend". Die Wendung wurde ursprünglich nicht ironisch gebraucht, sondern bedeutete schlicht, jemanden zu informieren. Heute bezeichnet sie genau das Gegenteil.

auf derselben Wellenlänge liegen
sich gut verstehen
Wenn man nicht auf genau derselben Frequenz sendet und empfängt, gibt's Wellensalat in der Kommunikation.

etwas ist nicht aus der Welt
etwas ist nicht unerreichbar weit weg
Mit der Welt ist im übertragenen Sinn oft die eigene kleine Welt eines Einzelnen oder einer Gruppe von Menschen gemeint.

etwas aus der Welt schaffen
etwas klären und bereinigen
Man sagt so von Problemen und Missverständnissen.

ohne Wenn und Aber
ohne Vorbehalte oder Einwände
Mit „Wenn aber“ fangen oft Einwände an.

ein Wermutstropfen sein
durch eine Kleinigkeit die Freude, das Glück verderben
Ein Tropfen dieses Saftes macht eine Flüssigkeit bitter.

in ein Wespennest greifen (oder stechen)
unerwartet eine heikle Sache berühren oder ansprechen
Wespennester liegen versteckt.

eine weiße Weste haben
unschuldig sein, mangels Beweisen unschuldig erscheinen
Weiß ist die Symbolfarbe für die Unschuld.

bei jemandem gut Wetter machen
bei jemand Wichtigem durch nette Worte und Gesten eine günstige Stimmung erzeugen
Das Wetter ist Sinnbild für die Stimmung.

jemanden am Wickel haben
jemanden festhalten, ihn zur Rede stellen
Als die Männer noch Zöpfe trugen, hieß das Zopfband auch „Wickel“.

Wind von etwas bekommen
etwas Geheimes erfahren
Wenn der Wind ungünstig steht, trägt er den Geruch des Jägers zum Wild – es flieht.

jemandem den Wind aus den Segeln nehmen
jemandes Argumente entkräften
Bei Seegefechten musste man den Gegner in eine Position zwingen, in der er den Wind nicht nutzen konnte.

eine Warnung in den Wind schlagen
eine Warnung nicht beachten
Der Wind ist Sinnbild für das Vergebliche, die Leere.

etwas in den Wind schreiben
etwas verloren geben
Auch hier steht der Wind für das Nichtige.

jemanden durch den Wolf drehen
jemanden hart verhören, ihm sehr zusetzen
Mit Wolf ist der Fleischwolf des Metzgers gemeint.

in der Wolle gefärbt
echt
Wenn bereits der Wollfaden gefärbt wurde und nicht erst das gewebte Tuch oder das genähte Kleidungsstück, galt die Farbe als haltbarer.

sich in die Wolle geraten
streiten
Mit Wolle ist das Haar gemeint, das Raufende packen.

ein Wörtchen mitreden (mitzureden haben, mitreden wollen)
mitbestimmen (mitzubestimmen haben, mitbestimmen wollen)
Hier ist nicht nur das Diskutieren gemeint, sondern auch das Entscheiden.

jemandem beim Wort nehmen
sich auf das verlassen, was jemand sagt
Worte stehen eben für die Tat.

ein großer Wurf sein
im ersten Anlauf gelungen sein
Hohe Zahlen sind beim Würfelspiel besser als niedrige.

jemandem die Würmer aus der Nase ziehen
jemandem geheime Informationen einzeln entlocken
Im Volksglauben führte man Krankheiten auch auf Wür-

mer zurück, die den betreffenden Körperteil befallen hätten. Man beschwor diese Würmer, um sie herauszuholen.

es geht um die Wurst

es geht um alles

Oft war eine Wurst der Preis bei Wettkämpfen. Manchmal musste man sie durch Springen oder Fangen erringen (Wurstschnappen).

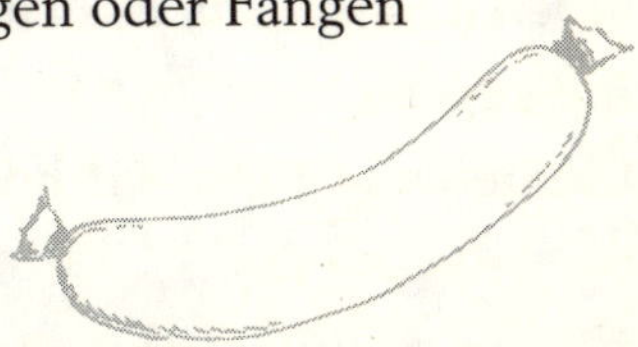

jemandem ist etwas Wurst

jemandem ist etwas egal

Die Wurst galt früher als nicht viel wert, weil sie auch mit minderwertigen Innereien gefüllt war.

mit der Wurst nach der Speckseite werfen

mit kleinem Einsatz viel zu erreichen suchen, mit etwas Geringwertigerem das Höherwertige anlocken

Die Wurst ist weniger wert als der Speck.

ein armes Würstchen sein

jämmerlich und bedauernswert sein

siehe vorige Redensart

sich keinen Zacken aus der Krone brechen
sich nichts vergeben; etwas machen, was nicht unter der eigenen Würde ist
Hochnäsige Leute, die sich für manches zu schade sind, benehmen sich, als ob sie Königskronen trügen.

einen Zahn drauf haben
schnell sein
Gemeint war das Zahnradgetriebe von Autos.

für den hohlen Zahn sein
zu wenig (zu essen) sein
In einen ausgehöhlten Zahn passt wirklich nicht viel.

mit langen Zähnen essen
widerwillig essen
Wer etwas nicht mag, ekelt sich: Er entblößt die Zähne.

jemandem auf den Zahn fühlen
jemanden vorsichtig aushorchen
Der Zahnarzt versucht durch vorsichtigen Druck auf die Zähne festzustellen, welches der kranke Zahn ist.

jemandem den Zahn ziehen
jemandem Illusionen nehmen
Falsche Vorstellungen werden hier mit kranken Zähnen verglichen, die gezogen werden müssen.

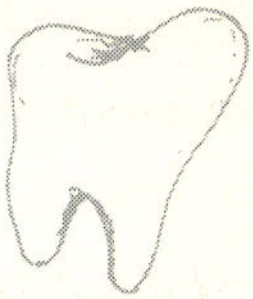

die Zähne zeigen
sich wehren
Hunde, die sich angegriffen fühlen, fletschen die Zähne.

die Zähne zusammenbeißen
tapfer sein
Wer Schmerz erträgt, presst die Kiefer zusammen.

auf dem Zahnfleisch kriechen
körperlich erschöpft sein, wirtschaftlich daniederliegen
Wer am Boden ist, bekommt den Kopf nicht mehr hoch.

jemanden in die Zange nehmen
jemanden von zwei Seiten unter Druck setzen, ihn mit Fragen bedrängen
Der Schmied hielt das glühende Eisen, das er bearbeiten wollte, mit der Zange.

Zankapfel sein
Anlass und Auslöser für einen Streit sein
Der Jüngling Paris musste unter den Göttinnen Athene, Hera und Aphrodite die schönste wählen. Ihr sollte er einen Apfel überreichen. Er reichte den Apfel Aphrodite – daraus entstand der Trojanische Krieg.

den Zapfenstreich blasen
Schluss machen, etwas beenden
Man schlug den Zapfen des Bierfasses fest ein, wenn man mit Ausschenken Schluss machen wollte. Und abends rief der Zapfenstreich die Soldaten ins Quartier.

jemanden zappeln lassen
jemanden im Ungewissen lassen, ihn gespannt warten lassen
Der Fisch zappelt an der Angel.

sich im Zaum halten
sich zurückhalten, sich beherrschen
Pferde werden mit dem Zaumzeug gelenkt.

einen Streit vom Zaun brechen
einen Streit anfangen
Etwas vom Zaun zu brechen bedeutete früher, es sich ohne große Umstände zu beschaffen. Heute bezieht sich die Wendung meist auf den Streit, bei dem, bildlich gesprochen, eine Latte vom nächsten Zaun gebrochen und als Waffe verwendet wird.

mit dem Zaunpfahl winken
deutliche Anspielungen machen
Ein Zaunpfahl ist nun wirklich nicht zu übersehen.

auf Zeit spielen
aus taktischen Gründen trödeln, etwas hinauszögern
Eine Wendung aus dem Sport (zum Beispiel Fußball).

die Zeit totschlagen
etwas aus Langeweile tun
Das Gegenteil wäre, die Zeit fruchtbar zu machen, indem man sie sinnvoll nutzt.

jemandem etwas am Zeug flicken
jemanden auf kleinliche Weise kritisieren
Wie ein Flickschneider, der mit scharfen Augen noch die kleinste schadhafte Stelle ausfindig macht.

mit jemandem ins Zeug gehen
jemanden streng behandeln
Zugtieren legt man Zaumzeug und Geschirr an.

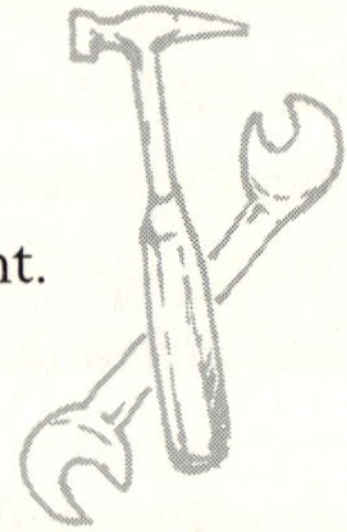

das Zeug zu etwas haben
für etwas begabt sein
Mit dem Zeug ist hier das Werkzeug gemeint.

sich ins Zeug legen
sich anstrengen
Gemeint ist das Zaumzeug, das Pferd und Ochse tragen, wenn sie etwas ziehen.

rumzicken
sich launisch verhalten
Man sagt auch: Zicken machen. Dahinter steckt die Ziege mit ihrem Meckern.

ein alter Zopf sein
veraltet sein
Die Zöpfe der preußischen Soldaten kamen nach der Französischen Revolution um 1790 aus der Mode.

zum Zuge kommen
drankommen, Gelegenheit bekommen
Hier steht der Fischzug oder das Schachspiel dahinter.

die Zügel schießen (schleifen) lassen
die Kontrolle lockern
Wenn man beim Pferd die Zügel schießen (schleifen) lässt, fühlt es sich frei und galoppiert davon.

das Herz auf der Zunge tragen
frei und ohne Hemmung über die eigenen Gefühle reden
Das Herz ist Inbegriff der Gefühle.

mit gespaltener Zunge reden
hier so und da anders reden, gegenüber mehreren Menschen verschiedene Ansichten äußern
Die Schlange mit ihrer gespaltenen Zunge gilt seit der

biblischen Geschichte vom Sündenfall als die Lügnerin schlechthin.

sich zusammenreißen
sich anstrengen
Vermutlich ist das die Steigerung von „sich zusammennehmen, seine fünf Sinne zusammennehmen“, was bedeutet, alle verfügbaren Kräfte zu nutzen.

auf keinen grünen Zweig kommen
gar keinen Erfolg haben, es nicht schaffen
Der grüne Zweig ist Sinnbild des Wachsens.

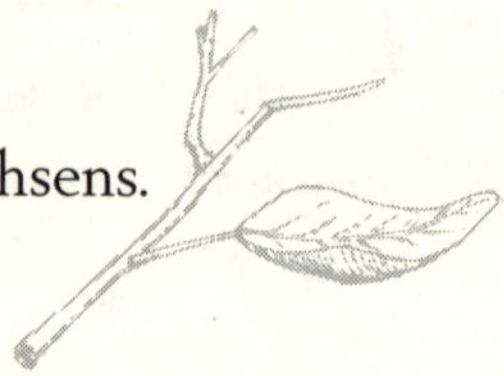

in der Zwickmühle stecken
in einer schwierigen Lage stecken, keinen Ausweg haben
Beim „Mühle“-Spiel bedeutet die Zwickmühle, dass man einen Stein verliert, egal, in welche Richtung man ihn bewegt.

einen zwitschern
Alkohol trinken
Der Trinker zwitschert heiter-angeheitert wie ein Vogel.